Sabine Kebir · Ein akzeptabler Mann?

Sabine Kebir

Ein akzeptabler Mann?

Streit um Bertolt Brechts Partnerbeziehungen

Buchverlag
Der Morgen Berlin

ISBN 3-371-00091-5

Brecht – Streitobjekt der Frauenemanzipation?

Lassen Sie die Frau, wo sie ist!
Sie hat selber zwei Arme
Außerdem hat sie zwei Beine
(Die Sie nichts mehr angehen, Herr!)
Sehen Sie, daß Sie selber durchkommen!

Meine Freundin kommt entsetzt aus dem Theater. Sie hat den »Baal« gesehen. »Brecht war auch nur ein Mann!« schimpft sie. Dann zerrt sie einen neuen Band größtenteils erstveröffentlichter Gedichte Brechts über die Liebe hervor und hält ihn mir unter die Nase. »Einer der übelsten sogar!« Wütend setzt sie noch hinzu, daß der Dichter nicht nur schlechthin ein Weiberheld gewesen sei, sondern – schlimmer als Baal – seine Geliebten in sexuelle Hörigkeit verbannt und als Arbeitstiere ausgebeutet habe.

Brecht – Liebling der Frauen und lebenverschlingender Baal? In der Tat, wenn sich Ruth Berlau in einem Interview nicht ohne Stolz erinnert, wie sie den Frühaufsteher Brecht im finnischen Exil mit dem zur Kreativität nun einmal unabdingbaren Morgenkaffee versorgte, kann es einer nach Emanzipation strebenden Frau schon einmal kalt über den Rücken laufen. Kaffee war in Finnland damals Mangelware. Aber in der nicht weit vom Hause der Brecht-Familie liegenden Pension, in die sich Ruth Berlau eingemietet hatte, wurde zum Frühstück etwas serviert, »was entfernte Ähnlichkeit mit Kaffee hatte«. Von den anderen Pensionsgästen unbemerkt, füllte sie den Trunk in eine eigene Kanne um und trug ihn dem Meister dann zu. Dieser erwartete ihn gegen sieben Uhr morgens, an seinem Fenster stehend. Ob sich Ruth Berlau selbst einen Tropfen der kostbaren Flüssigkeit gegönnt hat, ist nicht bekannt.

Das Überreichen der Morgengabe erfolgte angeblich ohne Wortwechsel. Gesprochen wurde zwischen Brecht und Berlau erst nachmittags gegen drei Uhr, wenn er zu ihr kam, um (»nur mit mir«) das zu diskutieren, was er vormittags geschrieben hatte. Margarete Steffin, die ebenfalls in unmittelbarer Nähe der Brecht-Familie lebte, hat angeblich am *Puntila* »nicht so viel mitgearbeitet, sie war da nicht so gut gelaunt«. Eine Andeutung des Eifersuchtsdramas, das beide Frauen damals gerade durchzustehen hatten. In demselben Interview teilt Ruth Berlau noch weitere Einzelheiten über die lückenlos scheinende weibliche Fürsorge gegenüber Brecht mit. Diesmal handelt es sich um die Zeit in Hollywood. Während Helene Weigel die Brecht-Manuskripte eigenhändig in Leder band, das Haus und die Kinder versorgte, hat der Dichter »allerdings in der Zeit, wo ich in Hollywood war, immer bei mir Mittag gegessen«.

Genug, genug! Uns dreht sich nun auch noch der Magen herum von soviel Qualität und Quantität fraulicher Fürsorge, deren sich das Genie sicher sein konnte! Und wie ich kürzlich aus der Berliner Klatschmühle hörte, konnte und kann er sich sogar noch erhebliche Zeit nach seinem Tode in erstaunlichem Maße weiblicher Aufmerksamkeiten erfreuen. Einer ehemaligen Putzfrau des Berliner Ensembles kam einmal die Idee, auf dem Dorotheenstädtischen Friedhof beim Grabe Brechts vorbeizuschauen. Das Gewissen dieser Frau wallte zornig auf, als sie feststellen mußte, daß Brechts Grab nur geringer Pflege teilhaftig zu werden schien. Es wuchsen vor allem frugale Gräser darauf. Kurz entschlossen suchte sie einen Blumenladen und erwarb ein paar Primel- und Stiefmütterchenstrünke. An Brechts Grab zurückgekehrt, begann sie sogleich das Gras zu roden und die Blumen zu pflanzen. Nach kurzer Zeit kam mit aufgeregtem Gefuchtel ein Wächter dahergelaufen und gebot dem guten Werk Einhalt: Um Himmels willen nur keine Gräser ausrupfen! Deren Samen hatte Helene Weigel doch aus sämtlichen Exilländern herbeikommen lassen!

Die weibliche Rivalität und Fürsorge um Brecht, in der Mitarbeit und in der Liebe zu ihm ist bis heute noch nicht abgeflaut. Eine der ehemaligen Freundinnen hat durch äußere Anpassung an Lebensgewohnheiten der Ehefrau – zum Beispiel leidenschaftliches Pilzesammeln – zeigen wollen, welchem Clan sie angehört (zu dessen grundlegenden Eigenschaften – seit den seligen Zeiten der Bi Banholzer – bekanntermaßen das ewige »Theetrinken« gehört). Eine andere behauptet, nur in einem ehemals Brecht als Ruhestatt dienenden Bett, das sie käuflich erworben hat, überhaupt noch Schlaf zu finden. Eine dritte schließlich droht offen, den Platz im Paradies neben Brecht einnehmen zu wollen, und zwar in der Hoffnung, daß Helli dort nicht mehr dazwischenfunken könne? Aber das sind die Abgründe der Gerüchteküche, deren Dämpfen wir bis zu einem gewissen Grade Glauben schenken müssen. Je tiefer wir darin herumgraben, desto größer wird unser Unbehagen gegenüber dem Dichter, der eine ziemlich unverschämte Menge weiblicher Hörigkeit und weiblichen Masochismus eingefordert zu haben scheint!

Ungünstig fällt aber auch ein gestrenger Blick auf die Augsburger Jugendjahre Brechts aus. »Brecht fraß viel Leben«, schrieb sogar sein Freund Feuchtwanger über diese Zeit, die auch nach Ansicht anderer damaliger Weggefährten Brechts von »Baalischem Weltgefühl« erfüllt gewesen sei. An skandalösen Belegen für diese These fehlt es nicht. Und tatsächlich zitierte der junge Dichterling gern den Nietzsche-Spruch: »Wenn du zum Weibe gehst, vergiß die Peitsche nicht!« Noch 1927 entrutschte Brecht in seinen Tagebuchnotizen der Satz: »Für einen starken Gedanken würde ich jedes Weib opfern.« Er fügte allerdings sofort hinzu: »Beinahe jedes Weib.«

Jedoch das Brecht-Bild ist widersprüchlich. Der im finnischen Morgengrauen von Ruth Berlau mit Kaffee versorgte Brecht scheute zu dieser Zeit auch selbst keine Mühe, um für die tuberkulosekranke Margarete Steffin eine Orange oder ein Ei zu »erobern«. Einmal waren es auch Trauben.

> Kein Reich vermochten sie mit so viel Spaß zu rauben
> In vierzehn Monden unablässigen Mordens
> Als ich für dich die arme Hand voll Trauben
> Erbeutete im Schnee des allzu hohen Nordens.

Feuchtwanger setzt in seinem Aufsatz über Brecht hinzu, daß er doch auch »ohne jede Hoffahrt und Prahlerei« gewesen sei und selber »neidlos, großmütig, in Fülle« gegeben habe. »Er gab mehr, als er verlangte.« Isot Kilian, Freundin und Mitarbeiterin Brechts in den letzten Berliner Jahren, erinnert sich: »War ein Mitarbeiter, Schauspieler oder Freund krank, überlegte sich Brecht immer eine Freundlichkeit, die er selbst vorbeibrachte. Oder er schickte einen Arzt oder einige Zeilen.« Auch ist kein einziger Fall bekannt geworden, daß Brecht, wenn er zum Weibe ging, wirklich die Peitsche bei sich hatte. Er soll sich vielmehr eher schüchtern, wenn nicht sogar etwas verklemmt betragen haben. Und schon 1917 wußte er: »Eine Peitsche fällt guten Reitern zur Last.« Die Widersprüche in Brechts Persönlichkeitsbild können dazu führen und haben auch schon dazu geführt, daß sein Werk von einem Teil der für die Emanzipation streitenden Frauen und ihren Verbündeten pauschal abgelehnt oder doch zumindest skeptisch betrachtet wird. Das Verwischen dieser Widersprüche – etwa auf der Basis der althergebrachten Formel: Dem Genie ist alles erlaubt – wäre aber fehl am Platze, würde womöglich erst recht eine feministische Phalanx gegen Brecht heraufbeschwören.

Bertolt Brecht ist einer der wenigen Dichter unserer Epoche, der die autobiographische Selbstdarstellung weitgehendst vermied. Selbst seine Tagebücher wollte er den »objektiven« Zielen seines Schaffens unterordnen, er konzipierte sie als *Arbeitsjournale*. Brecht führte jedoch keine Schreibtischexistenz, sondern lebte in jeder Hinsicht mit großer Intensität und pflegte eine große Fülle menschlicher Beziehungen. Sie trugen oft – ja meistens – Arbeitscharakter, waren aber nichtsdestotrotz zugleich auch jene Sphäre, in der sich Brecht auslebte. Zeugnisse des imposanten, geistvollen Eindrucks, den Brecht bei seinen Zeitgenossen hinterließ, sind quasi als erste biographische Streiflichter vor allem in Form von Anekdoten an die Öffentlichkeit gedrungen. Das scheint mir kein Zufall zu sein, denn in der Struktur der Anekdote kommt genau jenes frappierende Verhältnis zum Ausdruck, das das Individuum Brecht zu seiner Umwelt in Gang setzte: Hier wurde nicht nur ein neues politisches Wertsystem bewegt (das von den Freunden/Mitarbeitern zumeist verstanden, wenn nicht geteilt wurde), sondern auch ein ungewöhnliches Verhalten in der Privat- und Intimsphäre, das zumeist Verdutzen hervorrief. Man fand es bestenfalls sehr komisch: »In A. liebte Herr B. eine Frau und versprach ihr die Ehe. Als er später in die Nachbarstadt M. zog, lernte er eine andere Frau kennen und versprach ihr ebenfalls die Ehe. Die beiden Frauen erfuhren voneinander, trafen sich in einem Café in M. und besprachen ihre Lage. Sie fingen Herrn B. vor dem Theater ab und drangen in ihn, sich zu entscheiden: ›Wen von uns willst du nun heiraten?‹ Herr B. antwortete bescheiden und ernst: ›Beide.‹«

Daß Brecht selbst keine Versuche unternommen hat, sein privates Wertsystem publik zu machen, sondern geradezu ängstlich bemüht war, seine Konsequenzen – vor allem die polygame Lebensweise – soweit wie möglich geheimzuhalten, läßt vermuten, daß er nicht das geringste Verständnis seiner Umwelt erwartete. Es wäre jedoch verfehlt, diese Geheimnistuerei auf einen Schuldkomplex zurückzuführen, der sich allein in einem kurzen Zeitraum, etwa von 1919 bis 1923, nachweisen ließe: als ihm uneheliche Kinder geboren wurden, für die er selbst nicht sorgen konnte. Ganz anders als Franz Kafka, Rainer Maria Rilke, Cesare Pavese und so viele andere Dichter seiner Epoche hat Brecht noch nicht einmal einen pubertären Schuldkomplex hinsichtlich des erotischen Triebes gehabt. Schon der Sechzehnjährige versucht, mit königlicher Souveränität zu genießen:

Goldene Früchte

Goldene Früchte hängen
Uns in die Hände
In den dunklen Laubengängen
Kirren von Mädchengekicher die astigen Wände.

Wenn ich in den Büschen warte
Leuchtet dein Jäcklein schon
Wie die rote Standarte
Einer Prozession.

Wind läutet in toten
Bäumen die Abendstund
Ich küsse deinen roten
warm lebenden Mund.

Ich selbst gehöre einer weiblichen Generation an, die als blutjunge Mädchen, in den sechziger Jahren Brechts vitale Jugenddichtungen – soweit bekannt – vor allem mit den Schallplattenaufnahmen Gisela Mays kennengelernt und naiv und positiv rezipiert hat. Weder allzuviel verstaubte Moral noch allzu strenge Eltern hinderten uns, es für sehr erstrebenswert zu halten, möglichst viele hübsche Männer ins Gras zu legen, so etwa wie Brecht es mit den Frauen gemacht haben soll. Da die Antibabypille uns gerade rechtzeitig in den Schoß fiel und keine mehr eine traditionelle Ehe anstreben mußte, sondern nach Romantischerem Ausschau halten konnte, war es uns überhaupt nicht aufgefallen, daß unser Dichter ein »Mann« gewesen war, so sehr lagen wir selbst auf seiner Wellenlänge. Und daß er sogar ein »Macho« gewesen sein soll, bekam ich erst einige Jahre später von einigen Feministinnen zu hören, dann auch ab und zu in meinem Bekanntenkreis. Als besonders niederträchtig wurde angesehen, daß Brecht seine Arbeits- und Liebesbeziehungen vermengte. Das hatte mir bislang jedoch gerade als Zeichen gegolten, daß hier ein Mann offenbar in den Frauen mehr sah als Betthäschen und Herdhüterinnen, nämlich ein intellektuell-sensitives Ganzes. Ich war also verblüfft. Hier schien mir ein Irrtum vorzuliegen.

Eine nähere Untersuchung der Liebeslyrik von Brecht scheint mir geeignet, in den ethisch-moralischen Streitfall, zu dem er geworden ist, etwas Licht zu tragen. Kein anderer Teil seines Werkes trägt wirklich privaten, die Persönlichkeit des Autors enthüllenden Charakter. Denn meistens entsteht Liebeslyrik nicht aus abgeklärter Weisheit, sondern spontan, aus einer aktuellen Konfliktsituation heraus. Eine Interpretation der Liebeslyrik Brechts in diesem Sinne ist auf der Basis der in den letzten Jahren erschienenen biographischen und autobiographischen Materialien möglich geworden – sosehr diese auch das Private in den Hintergrund zu drängen scheinen. Allerdings muß auch zwischen den Liebesgedichten Brechts und seinen Gedichten über die Liebe unterschieden werden.

Meine Freundin hat den Irrtum vieler Leser begangen, auch letztere auf das persönliche moralische Konto des Dichters zu schlagen. Eine objektive Schwierigkeit der Interpretation ist hier allerdings tatsächlich gegeben: Brecht verfaßte oft auch jene Gedichte in Ichform, in denen sich nicht eigenes Erleben und eigene Sehweisen, sondern Betrachtungen über den Verfall der Geschlechterbeziehungen seiner Epoche niederschlugen.

Das nun verfügbare lyrische und biographische Material reicht aus, um dem Publikum noch einmal einen überraschend neuen Brecht vorzustellen, der jedoch bei aller Sympathie, die ihm in dieser Arbeit entgegengebracht wird, nicht zum emanzipierten Musterknaben stilisiert werden soll. Wenn Irmtraud Morgner ihre Trobadora Beatriz die Frage stellen läßt, wer Lenin im Smolny während der Oktoberrevolution die Socken gewaschen hat, wird sich natürlich auch ein Mann wie Brecht die Frage gefallen lassen müssen, ob er sich zum Beispiel selbst sein Mittagessen kochen konnte. Nach allem, was wir wissen, konnte er es nicht. Der dienstmädchenverwöhnte Bürgersohn aus Augsburg erfreute sich – wie wir bereits gesehen haben – zeitlebens eines gewissen weiblichen Wettbewerbs hinsichtlich seiner Versorgungsprobleme, was nun wieder ein seltsam verstaubtes Licht auf seine Partnerinnen zu werfen scheint: Es waren in vielerlei Punkten sehr moderne und fortgeschrittene Frauen, aber keine Feministinnen im heutigen Sinne. Der Hinweis auf die vermeintliche Gretchenfrage, ob Brecht den Kochlöffel schwang, soll nicht nur die Erkenntnis provozieren, daß die in der Männerwelt heutzutage ausgebrochene Kochmode nicht unbedingt schon ein Zeichen für männliche Emanzipation ist, sondern auch daran erinnern, daß unser Thema bereits ein historisches ist und allzu aktuelle Fragestellungen weniger Auskunft über das am Pranger stehende Individuum als über den Geist der Epoche geben können.

Hier muß tiefer geschürft werden, nämlich auf dem historischen Terrain, das Brecht und seinen Gefährtinnen aufgezwungen war: keine Haushalte, zwischen denen ein unstetes Genie hin und her flatterte, sondern ein unruhiges Nomadenleben politischer Flüchtlinge, deren Überleben nur gemeinsam möglich war – und unter Ausnutzung der zahlreichen persönlichen und politischen Verbindungen, die Brecht in den Exilländern besaß.

Keinesfalls dürfen in dieser Untersuchung auch der das Thema berührende Anekdotenschatz und die Gerüchteküche außer acht gelassen werden. Wenn hier auch nicht immer Wahrheiten in dokumentarischem Sinne wiedergegeben werden, so doch aber jene ebenfalls wichtigen Wahrheiten über die Wirkung, die Brecht auf seine Mitmenschen ausübte. Unsicheres aus diesen Quellen soll jedoch stets als unsicher gekennzeichnet werden.

Für unsere Zwecke wäre das Erstellen von Psychogrammen – nicht allein von Brecht, sondern auch von den außerordentlichen Persönlichkeiten seiner Partnerinnen – interessant gewesen, leider sind sie auf Grund persönlicher Rücksichtnahmen noch nicht in der radikalen Form möglich, in der sie mir wünschenswert erscheinen. So ist die Anekdote im Café in M. nicht allein hinsichtlich Brechts Antwort interessant, sondern auch in bezug auf das beinahe kooperativ wirkende Zusammenspiel der beiden Damen, die ja auch viele andere Möglichkeiten gehabt hätten, einander auszustechen.

Wenn diese Streitschrift so tief wie möglich danach streben muß, ins Privateste eines Großen vorzustoßen und sich dabei der Techniken der Regenbogenpresse zu bedienen scheint, so hat sie mit dieser doch nur eines gemeinsam: Sie versucht die tiefsten und privatesten Publikumsinteressen anzusprechen, sich einzumischen in die sich ständig wandelnde moralisch-ethische Normen- und Wertebildung des Alltagslebens. Sie ist parteiisch.

Unsere Analyse verläßt den Boden traditioneller puritanischer Ideen über Partnerschaft und Liebe. Das scheint mir wichtig, betont zu werden, weil diese nicht selten gerade im Kampf der Frauen um ihre Emanzipation wieder auftauchen, und zwar weniger in Form von »Programmpunkten« als vielmehr im täglichen, individuellen Kampf, den jede Frau auszufechten hat. Es wird häufig vorausgesetzt, daß sich die Harmonie zwischen den Geschlechtern einstellen werde, wenn sich der Mann auf ein ebenso standardisiertes, diszipliniertes, monogames, unselbständiges und rücksichtsvolles Wesen reduziere, wie wir Frauen es jahrhundertelang sein mußten. Hier sehe ich die Lösung nicht. Vielmehr ist in Neuland vorzustoßen, in jenes Neuland, in dem sich nicht nur der Mann, sondern auch die Frau von Grund auf wandeln muß, und zwar nicht nur im Verhältnis zueinander, sondern in ihrem gesamten Weltverhältnis.

Brecht selbst scheint mir in dieses Neuland vorgedrungen zu sein. Manchmal finden wir uns mit ihm sogar im Lande Utopia wieder. Aber ich denke, daß es sich um notwendige und letztlich auch realisierbare Utopien handelte. Wer mit Brecht ging, dem wurde viel abverlangt. Manchen wurde es zuviel, sie verließen ihn. Aber forderte Brecht wirklich die Selbstaufgabe ein? Die Menschen, die bei ihm blieben, waren Beispiele außerordentlicher Kraft und Willensstärke. Allen voran muß hier Helene Weigel genannt werden. Vorbehaltlos verschrieb sie sich dem dichterischen und auch dem politischen Werk ihres Mannes, obwohl ihr dabei jahrelang scheinbar nichts anderes zukam als die Rolle der Hausfrau und Mutter. Und doch löste sich die Weigel in diesem Bilde nicht auf. Trotz der langen, durch das Exil erzwungenen künstlerischen Pause wurde sie sofort wieder die unverwechselbare große Schauspielerin. Das anstrengende, in hohem Maße Hingabe verlangende Leben mit Brecht zerstörte weder die

Kreativität noch die persönliche Autonomie von Helene Weigel.

Betrachtet man Brechts Biographie näher, fällt auf, daß er in Frauen immer starke, unabhängige Persönlichkeiten gesucht und erstaunlich oft gefunden hat. Das Leben an der Seite dieses Mannes ist niemals leicht gewesen. Man mußte ihn nicht nur mit seiner Kunst, sondern auch mit anderen Frauen teilen. Ihrer Tochter vertraute Helene Weigel einmal an: »Dein Vater war ein sehr treuer Mensch. Leider zu zu vielen.«

Die herbe Zwiespältigkeit einer solchen Aussage könnte das Leitmotiv dieser Untersuchung darstellen. Beim Vorstoß ins Neuland müssen auch die Kosten berechnet werden, das Schwanken, die Unsicherheiten, die Schwächen. Der Dialektiker wird sich schließlich auch auf dem Gebiet, das seine eigene Person betrifft, eine dialektische, das heißt alle Widersprüche erfassende Analyse gefallen lassen müssen.

Mir hat seine Liebeslyrik jedoch – gerade auch als Frau – positive Botschaften vermittelt. Denn ihr Grundmotiv scheint mir kein geringeres zu sein als die Suche nach der Ebenbürtigkeit der Liebenden, der Grundbedingung der Emanzipation überhaupt. So bin ich – trotz aller Schwächen, die er sich erlaubte – doch eher geneigt, in Brecht einen Verbündeten der Frauen zu sehen als einen Macho, der, wie Marie Louise Jansen-Jurreit meint, »männliche Herrschaftsperspektiven« festschreiben wollte.

Baals Drohung – die Liebe als Naturgewalt

In meine leeren Schaukelstühle vormittags
Setze ich mir mitunter ein paar Frauen
Und ich betrachte sie sorglos und sage ihnen:
In mir habt ihr einen, auf den könnt ihr nicht bauen.

Dem jungen Brecht war seine Heimatstadt Augsburg um einige Nummern zu eng. Weder ihrem moralischen noch ihrem politischen Reglement wollte er sich anpassen. Vielmehr träumte er von einer Art Negation des Schwäbisch-Bayrischen: Seine Jugendwerke sind voller naiver Exotik. Amerika reizt ihn, die große »City«, die er jedoch bald als »Dickicht« erkennen und beschreiben sollte. Asiatisches, Polynesisches, zuweilen auch Afrikanisches dient dazu, deutsche und mitteleuropäische Probleme zu verpacken. Ihre Verlagerung in die Exotik muß etwas mit Brechts Rebellionsgeist gegenüber seiner Stadt Augsburg zu tun haben. Einstweilen fehlten ihm die finanziellen Mittel, nicht nur, um sich Amerika anzusehen, sondern sogar für eine Reise nach Berlin. Der junge Dichterling, der sich vor seinen Freunden und Freundinnen frech mit Goethe und Schiller gleichsetzte, ehe er zwanzig Jahre alt war, erhoffte sich von der deutschen Kulturmetropole Berlin den entscheidenden künstlerischen Durchbruch. Dieser war in Augsburg und selbst im nahe gelegenen München nicht so ohne weiteres zu realisieren.

Die Rebellion des jungen Brecht, die in seinem Schreiben teilweise in die Flucht in Exotik umschlug, trug im alltäglichen Leben ein bohemehaftes Gesicht. Es ist als spätbürgerlicher Vitalismus oder auch als Nietzscheanismus gesehen worden. Man könnte es aber auch wohlwollender als einen radikalen Rousseauismus bezeichnen: die energische Forderung nach der Versöhnung des Menschen mit der Natur. Bemerkenswert oft wird der Mensch im Werk des jungen Brecht als »Tier« gesehen, dem es nicht gegeben ist, sich als das »sanfte Tier« zu verwirklichen, das es im Grunde ist. Der junge Brecht war Naturfreund und empfand sich selbst als so ein sanftes Tier. Da er jedoch in Augsburg gefangen saß, fühlte er sich als Tier im Käfig. Und tobte also.

Freilich wurde »das Tier« im väterlichen Haushalt nicht allzu eng an der Leine gehalten. Es durfte ausstreunen und streunte aus, so lärmend wie möglich: wenn nicht zum »Plärrer«, dann in die Natur. Mit seinen Freunden und Geliebten verbrachte er Tage und lange Abende im Wald, am Lech, im Park. Wind, Regen, raschelndes Laub, orangener Himmel und Wolken – immer wieder Wolken – sind Grundelemente der Brechtschen Jugendlyrik:

Lied der Schwestern

In den finstern Wäldern, sagt man
Wächst er auf wie fremdes, sanftes Vieh.
Viele Männer kamen von den Wäldern.
Aber aus den Wäldern kam er nie.

Und man sagte uns in jenen Feldern
Mit den Bäumen wächst er sanft und still.
Aber viele kamen von den Feldern. Keiner
Der uns seinen Ort verraten will.

In den Städten, sagt man, leben viele.
Und in Höfen sieht man viele stehn.
Viele fragten wir, die dorther kamen:
Aber keiner hatte ihn gesehen.

Seitdem denken wir: in weißen Wolken
Gibt es oft ein sonderbares Licht.
Vielleicht sehen wir einst in den Wolken
Weiß, vom Wind verwehet, sein Gesicht.

Einmal, während der bayrischen Räterepublik, wurde das Aufbegehren schon politisch, ohne daß dadurch bereits einschneidende politische Schlußfolgerungen für Brecht entstanden. Er trat dem Soldatenrat bei, nicht, weil er schon Sozialist war, sondern weil er antibürgerlich war und weil es ihn instinktiv auf die Seite der Unterdrückten zog. Ernst Bloch stellt den jungen Brecht geradewegs in die Tradition der egalitären Häresien des Mittelalters. In seinem Frühwerk will er »Formen der schwäbischen Spätgotik« und ein »Stück sehr alten deutschen Bolschewismus« wiedererkannt haben.

Die Räterepublik war eine Episode. Bidis Rebellion (Brecht nannte sich selbst Bidi und wurde auch später von seinen Kindern so genannt) war Schnaps, Weib, Gesang. Wenn möglich in freier Natur:

Bidi im Herbst

Die Septembernächte sind gut zum Rauchen
Es muß hell sein zum Rauchen, das steht in den Dogmen
Man kann noch etwas sich im Weiher tauchen
Und sich mit seinem Hemd abtrocknen.

Zuviel Wasser sollte man nicht brauchen.
Es ist gut in trockenen Blättern hinzudächseln.
Im September ist es da noch ganz gut rauchen
Schon im Oktober kannst du nachts die Hände leicht
verwechseln.

Mit Weibern ist es im Oktober ja besser
Die legen sich gern zwischen Blätterleichen
Im Oktober ist es auch nässer
Aber mit einer Pfeife das, das ist kein Vergleichen.

Nicht nur ein großer Teil des Publikums, auch die Kritik hat der Versuchung nur selten widerstanden, in Brechts Jugendstück *Baal* allzu simpel eine Widerspiegelung damaliger Brechtscher Lebenspraxis zu sehen. Typisch ist Albrecht Webers Feststellung einer »gesteigerten Begierde nach Lust«, in der Liebe weder als »Caritas« noch als »Eros« möglich wird, sondern den Partner zum »unpersönlichen Werkzeug« macht. Aus dem Stück strahle eine »kraß egoistische, auch eine Art kapitalistische Reaktion«. Und was Brecht hier gestaltet habe, hätte er auch selber gelebt.

Mir erscheint das Drama eher als Tragödie, hinter der allerdings eine Drohung steckt: Solange die Lebensansprüche Baals nicht erfüllt werden, wird es auch keine heile Welt geben. Die Verherrlichung vitalistischer Kraftmeierei ist nur die Kehrseite des Gesellschaftsverdrusses, den Brecht verspürte und aus dem ihm die Anarchie noch als einziger Ausweg vorkommt. Wenn man den *Baal* konsequent ins Bayrische übersetzte, träte zutage, daß es sich um ein echtes Volksstück handelt, das – entgegen Brechts eigenen Vermutungen – noch einige Aktualität und Sprengkraft bewahrt hat. Es ist sicher kein einfaches Aussteigerstück, aber ein Stück, in dem sich all jene wiedererkennen können, die keine Chance haben, in die Gesellschaft erst einmal »einzusteigen«.

Setzt man den *Baal* in bezug zu Brechts gleichzeitig entstandenen Jugendtagebüchern, so ergibt sich zwar die Identität zum Baalschen Lebensanspruch, aber doch nicht wirklich zur Baalschen Lebenspraxis. Verschliß Brecht Frauen wie Baal (in der Handlung ganze fünf), legte er sie auch so asozial und kalt ins Laub, wie sein Gedicht *Bidi im Herbst* weismachen wollte?

Da die Welt hinter Augsburg nicht zu packen war, ist für Brecht wie für Baal die Frau der fremde Kontinent, zunächst einmal Weltersatz. Das große Idealweib ist mit der Welt geradezu identisch:

Und das große Weib Welt, das sich lachend gibt
Dem, der sich zermalmen läßt von ihren Knien
Gab ihm einige Extase, die er liebt
Aber Baal starb nicht: er sah nur hin.

Die Tragik Baals liegt darin, daß er das ideale Weltweib in der Realität der bayrischen Wälder nicht finden kann. Leicht nehmen läßt sich nur die Hure. Die Frauen, die Baals Interesse wecken, lassen sich schwer nehmen und lachen nicht dabei. Wenn sie sich nach vollbrachter Vergewaltigung auch noch angstvoll an ihn klammern – weil sie sich nicht getrauen, zur Mutter zurückzukehren –, schüttelt er sie wie Schmutz von sich. Sie gehen ins Wasser, und es kann passieren, daß er sie noch selbst hineinstößt.

Die Frau erscheint als furchtbar schwaches Wesen in diesem Stück *Baal*. Während Baal zumindest darum ringt, seine Naturtriebe zu realisieren, müssen die Frauen sie verleugnen. Einmal genommen, sind sie dazu verdammt, Baal blindlings zu folgen und unterzugehen. Eigentlich besteht das Stück aus fünf Gretchentragödien. Doch während von Goethe bekannt ist, daß er als Minister in Weimar Todesurteile für Kindesmörderinnen unterschrieben hat, müssen wir im Falle Brechts konstatieren, daß sich seine sämtlichen Jugendfreundinnen nicht ins Wasser gestürzt, sondern schließlich ganz normal und anständig verheiratet haben, sei es mit ihm oder anderwärts. Die Beziehung zum jungen Brecht mag tief und zehrend gewesen sein, auszehrend war sie offensichtlich nicht. Man konnte sich, auch wenn man sich angeschlagen fühlte, wieder davon erholen.

Ungewöhnlich und irritierend war er freilich doch, dieser Eugen Bertolt Brecht. Er ertrug in der Geschlechterbeziehung gerade das nicht, was nach der herkömmlichen Meinung normal war: die totale Auslieferung.

Gibt ein Weib, sagt Baal, euch alles her
Laßt es fahren, denn sie hat nicht mehr!

Genau dieses romantische »Alles geben« als immer wieder geforderte Grundlage des Zusammenlebens entfernt Brecht mehr und mehr von der Medizinstudentin Hedda Kuhn, die in seinen Tagebüchern und Gedichten »He« gerufen wird. »Sie ist zerschmettert, sie schwärmt von der Ehe, ich habe unser Verhältnis ein Mittelding zwischen Ehe und Abenteuer geheißen, eine eigentliche Kompromißgeburt. Sie will einem ›etwas sein‹ ... sie singt: Raum ist in der kleinsten Hütte.«

Brecht ist überzeugt, daß es gerade Heddas Streben nach Bleibendem ist, was sie daran hindert, die Gegenwart zu genießen: »Einmal ist die Hedda da. Wir walzen bei leise tropfendem Himmel unter den nebligen Bäumen, riechen die nassen, verfaulten Blätter, der Streit lebt wieder auf, sie weint in die Hand ... Und ich sage: Es ist vielleicht deine glücklichste Zeit und es geht dir nicht schlecht, und du bist undankbar.«

Für die Adressatin sicher verletzend und vom Standpunkt einer traditionellen Moral tatsächlich skandalös ist Brechts baalisch wirkendes Gedicht *Von He:*

1
Hört, Freunde, ich singe euch das Lied von He, der
Dunkelhäutigen, meiner Geliebten über sechzehn
Monate bis zu ihrer Auflösung.

2
Sie wurde nicht alt, sie hatte wahllose Hände, sie verkaufte die Haut für eine Tasse Thee und sich selbst für eine Peitsche!
Sie lief sich müd zwischen den Weiden, He!

3
Sie reichte sich dar wie eine Frucht, aber sie wurde nicht angenommen. Viele hatten sie im Maul und spien sie wieder aus, He, die Gute! He, die Geliebte!

4
Sie wußte, was eine Frau ist im Hirn, aber nicht mit den Knien, sie wußte den Weg, wo es hell war mit den Augen, aber im Dunkeln wußte sie ihn nicht.

5
Nachts war sie elend, blind vor Eitelkeit, He, und die Frauen sind Nachttiere und sie war kein Nachttier.

6
... sie lief immerfort herum und ihr Herz war ohne Gedanken.

7
Darum starb sie im fünften Monat des Jahres 20 eines schnellen Todes, heimlich, als niemand hinsah, und ging hin wie eine Wolke, von der es heißt: sie war nie gewesen.

So böse diese Zeilen auch klingen, wir werden doch zugeben müssen, daß hier weibliche Schwächen beschrieben werden, die durchaus reell sein können. Allerdings ist es sehr ungewöhnlich – sagen wir ruhig unhöflich – sie zum Inhalt eines Gedichts zu machen.

Allein ein Gedicht ist letztlich nur ein Gedicht. Die Beziehung zwischen Brecht und Hedda brach im Jahre 20 nicht so schnöde ab, wie das Gedicht annehmen lassen könnte. Brecht war eben nicht Baal. Zwar machte er immer wieder deutlich, daß er die Wünsche der He nicht erfüllen könne, aber kaltblütig ist er trotzdem nicht: »... ich schmecke fast wieder die Tränen über einem Gesicht, und ich berühre fast wieder die Schultern, die im Weinen zukken, und höre die vielen Worte, die bitteren und die flehenden, die ach so sorgfältig vorbereiteten und so hilflos ins Wasser fallenden Worte ...«

Brecht war zwar nicht treu im traditionellen Sinne, aber er konnte von sich aus auch keine Beziehung abbrechen, so rückhaltlos er auch darüber schreiben mochte. Das Schreiben war die intellektuelle Bewältigung der Konflikte des Lebens, ihre Bewältigung im realen Leben vollzog sich skrupulöser. Immer wieder sollte es zu schmerzvollen Treffen und Briefwechseln mit He kommen. Schließlich gelang aber doch noch ein »gutes« Ende: Hedda fand einen Mann, der besser zu ihr paßte. Mit ihm zusammen half sie Brecht, nach Berlin zu kommen, und besorgte auch für den an Unterernährung leidenden Bertolt ein Bett in der Charité.

An Brechts Liebesdichtung ist besonders deutlich zu sehen, wie groß und wie klein zugleich die Distanz zwischen Dichtung und wirklichem Leben ist. Der literarische Text vermittelt zwar eigenständige Botschaften. In bezug auf die Dichterpersönlichkeit bleibt er aber doch oft Fragment.

Die Suche nach der großen, starken Frau, die »Welt« und »Tier« sein kann, ist es, die den jungen Eugen Bertolt mal wild, mal melancholisch macht. Plötzlich scheint die elegante und bildschöne Opernsängerin Marianne Zoff (»Mar«) die Frau zu sein, die Natur sein will und kann. Leidenschaftlich in Brecht verliebt und leidenschaftlich

Mit Marianne Zoff, etwa 1922

wiedergeliebt, wünscht sie sich ein Kind von ihm. Einmal schwanger, treibt sie es schließlich ab, weil Brecht sich nicht in der Lage sieht, sie heiraten und ihre luxuriösen Lebensbedürfnisse erfüllen zu können. Zwar versucht er »wie ein Wahnsinniger Filme zu schreiben«, um »Geld zu machen«, doch ist ihm im Grunde schon klar, daß er zur eigentlich kommerziellen Methode nicht taugt: »Oft denke ich an die Marianne, die Auto fährt, wenn sie will. Sich Pelzmäntel schenken läßt, Ringe, Kostüme. Für sich selbst. Soll man sie herausholen? Ich kann sie nicht bezahlen und nichts für sie ... Kleider, Seife, helle Wohnung, Theater, gutes Essen, Musik, feinere Gefühle ... Und ich kann nicht heiraten. Ich muß Ellenbögen frei haben, spukken können, wie mir's beliebt, allein schlafen, skrupellos sein ...«

Die Gewalt der Sachwelt, des Luxus als Lebenszwang, hat nie zuvor und nie danach zwischen Brecht und einer Frau bestanden. Tragik wuchs in die Beziehung zu Marianne Zoff hinein, weil die beiderseitige Liebe sich doch immer wieder über diese Zwänge hinwegsetzte: Das Paar kam jahrelang nicht auseinander. Brecht war wegen der Abtreibung doch gekränkt, aber die Beziehung ging weiter. Die Mar hatte nun eben doch etwas von der großen Weltfrau. Und gleichzeitig war sie »Tier«:

> Auf dem Wege von Augsburg nach Timbuktu
>   habe ich die Marianne Zoff gesehen;
> Welche in der Oper sang und aussah wie eine Maorifrau,
> Und im Gras schön war, auch im Bett und in den
>   Kleidern schön aussah,
> Und ich schlief auch mit ihr und machte ihr ein Kind.
> (Sie rollte sich zusammen wie ein Igel im Schlaf.
> Sie war schlau wie ein Tier und handelte ohne Schlauheit
> Sie nickte beim Lachen mit dem Kopf, sah einen von
>   unten schief an
>   und zog einen Grashalm durch die Zähne
> Sie ging aus Freude
> Sie sagte einmal zu mir: Depp!
> Sie war stolz auf ihre Beine.
> Sie sah aus wie verbranntes Gras in der
>   Leidenschaft.)

Der Grundkonflikt des Paares bleibt ebenso hartnäckig bestehen wie seine Leidenschaft. Schließlich verfällt die Frau auf die praktische Idee, den im Geldmachen geschickteren Nebenbuhler Recht heiraten zu wollen, aber »alle Kinder« von Brecht zu bekommen. Das wiederum verbittet er sich. Er will nicht ihr »Lustknabe« sein und auch nicht »in den Wäscheschrank«.

Doch auch dieses Liebesabenteuer des jungen Brecht verläuft – bei genauer Betrachtung – untadelig. Die Mar bekommt schließlich doch ein Kind von ihm und wird – u. a. auf Drängen Feuchtwangers – auch noch von ihm geheiratet. Zu guter Letzt landet sie jedoch in einem sichereren Ehehafen: bei Theo Lingen.

Die Augsburger Abenteuer des jungen Brecht sind, näher besehen, eher Kammerspiele als Tragödien vom baalschen Typ. Ihre Turbulenzen sind mit den hier besprochenen Beispielen noch nicht erschöpft, wir werden weitere zu behandeln haben. Als Fazit kann aber schon gesagt werden, daß Brecht nicht mit dem lebenverschlingenden Baal identifiziert werden kann. Freilich verlangte er mit demselben Nachdruck wie Baal den ihm zustehenden Happen Leben. Paula Banholzer, Brechts größte Jugendliebe, erwähnt übrigens, daß Brecht sich im Baalstück mit dem Johannes porträtiert habe. Johannes ist ein Bewunderer Baals, dem es einst »gut ging in den bürgerlichen Verhältnissen«, der nun aber »abgerissen, in schäbigem Rock mit hochgeschlagenem Kragen, hoffnungslos verkommen« neben Baal in der Kneipe steht und das Leben dort studiert – in der Tat mit einem typischen Gestus des jungen Brecht: »Es ist jedenfalls interessant hier. Das einfache Volk. Wie es trinkt und seine Späße treibt! Und dann die Wolken im Fenster!«

Das Recht auf körperliche Liebe hatte schon der junge Brecht als elementares Menschenrecht erkannt, und zwar nicht allein des Mannes, sondern ebenso der Frau. Im Vorwort zu dem der Paula Banholzer gewidmeten Stück *Trommeln in der Nacht* evoziert er 1922 »jene fast revolutionäre, kräftige Forderung nach körperlicher Befriedigung, die davon ausgeht, daß das Weib den Beischlaf eben braucht ...«.

Hans Kaufmann hat richtig festgestellt, daß hier ein wesentlicher Unterschied im Persönlichkeitsbild von Brecht etwa zu Kafka, aber auch zu Rilke besteht, denen es weder im persönlichen Leben noch in ihrer Dichtung gelang, sich vom kleinbürgerlichen Schuldkomplex in bezug auf das Geschlecht zu lösen. Brecht hatte solche trüben Nebel hinter sich gelassen. Er war überzeugt von der Legitimität seines Lebensanspruchs. Was ihm die Welt nicht bieten wollte, gab er nicht verloren. Er suchte ausdauernder als der Normalbürger nach der großen, starken Weltfrau: Unabhängig und natürlich sollte sie sein. In die kleine Hütte ließ er sich nicht einsperren, und noch weniger ließ er sich für so eine kleine Hütte verantwortlich machen. In dieser Hinsicht war tatsächlich nicht auf Brecht zu bauen.

Erinnerung an die Marie A.: Nur männliche Lesarten?

Kein Liebesgedicht Brechts ist häufiger gedeutet und interpretiert worden als die *Erinnerung an die Marie A.* Mich hat das lange Zeit gewundert, weil mir das Gedicht gar nicht so ausnehmend gut gefiel. Es schien eine gewisse Oberflächlichkeit in der Liebe poetisch zu rechtfertigen, die mir abgeschmackt vorkam. Später stieß ich darauf, daß sämtliche mir greifbaren Interpretationen und Lobgesänge dieses Gedichts von Männern stammten. Manneseifer in bezug auf jene der Jugendfreundin Marie Rose Aman gewidmeten Verse beginnt mit allerhand rhythmischen und metaphorischen Untersuchungen und geht bis zu Interviews mit ihrer noch lebenden Adressatin für Zeitungen, Bücher, sogar einen Film: Kurt Tetzlaffs *Die Pflaumenbäume sind wohl abgehauen.* Diese vielfältigen männlichen Bemühungen verstärkten am Ende meine weiblichen Vorbehalte gegen das Gedicht selbst. Ein Verdacht, den die von mir als lüstern, ja forsch-draufgängerisch empfundene Schallplatteninterpretation von Ernst Busch noch vertiefte.

An jenem Tag im blauen Mond September
Still unter einem jungen Pflaumenbaum
Da hielt ich sie, die stille bleiche Liebe

In meinem Arm wie einen holden Traum.
Und über uns im schönen Sommerhimmel
War eine Wolke, die ich lange sah
Sie war sehr weiß und ungeheuer oben
Und als ich aufsah, war sie nimmer da.

Seit jenem Tag sind viele, viele Monde
Geschwommen still hinunter und vorbei.
Die Pflaumenbäume sind wohl abgehauen
Und fragst du mich, was mit der Liebe sei?
So sag ich dir: ich kann mich nicht erinnern
Und doch, gewiß, ich weiß schon, was du meinst.
Doch ihr Gesicht, das weiß ich wirklich nimmer
Ich weiß nur mehr: ich küßte es dereinst.

Und auch den Kuß, ich hätt ihn längst vergessen
Wenn nicht die Wolke dagewesen wär
Die weiß ich noch und werd ich immer wissen
Sie war sehr weiß und kam von oben her.
Die Pflaumenbäume blühn vielleicht noch immer
Und jene Frau hat jetzt vielleicht das siebte Kind
Doch jene Wolke blühte nur Minuten
Und als ich aufsah, schwand sie schon im Wind.

Ein Liebhaber meldet sich hier zu Wort, doch ist sein Lied – ungewöhnlich genug für ein Liebesgedicht – weder ein Monolog mit sich selbst noch ein Dialog mit der Geliebten. In der zweiten Strophe wendet der Mann sich an einen Gesprächspartner (»Und fragst du mich ...«). Es könnte ein Freund sein, mit dem er dialogisiert. Oder doch einmal mit dem eigenen Gewissen?

Aber nicht nur die Form, auch der Inhalt dieses Gedichts ist ungewöhnlich. Ein merkwürdiger Abstand zwischen den Liebenden ist da zu spüren, ein Abstand, der offensichtlich schon zur Zeit des Erlebnisses da war. Allzu

Marie Rose Aman

schnell schiebt sich eine Wolke vor das Gesicht der Geliebten. Sollte schließlich der die einzige skeptische Interpretation vertretende Albrecht Schöne recht haben, wenn er schreibt, daß es der besungenen Frau »mit dem Manne, in dessen Arm sie lag«, wie der Toten mit dem Gott in Brechts Versen *Vom ertrunkenen Mädchen* erging, »auch dort geschah es (sehr langsam), daß Gott sie allmählich vergaß, erst ihr Gesicht, dann die Hände und ganz zuletzt ihr Haar«?

Ist es Zufall, daß ich keine weibliche Interpretation des Gedichts gefunden habe? Warum gefällt uns Frauen die *Marie A.* nicht so gut wie den Männern? Wo liegt das Unbehagen? Vielleicht passiert es uns eben nicht so ohne weiteres, daß wir uns eher an die Wolken erinnern, die über uns hinweggeflogen sind, als an das Gesicht des Mannes, den wir küßten? Gewichtige Gründe dafür hat Marie Rose Aman, verehelichte Eigen, in ihrem Filminterview selbst angeführt (in welchem leider dem Gesang Ernst Buschs der Vorrang gegenüber ihrer eigenen Interpretation gegeben wurde, die nur kurz anklang). Frau Eigen berichtet in ihrem Filminterview, daß sie aus der Schule geworfen worden wäre, wenn Brecht sie, wie er es häufig zu tun pflegte, weiterhin von dort abgeholt hätte. Nach dem ersten Kuß weinte sie, weil sie glaubte, nun ein Kind zu bekommen. Und in der Tat ist sie noch heute heilfroh, daß nicht sie, sondern ihre Turnfreundin Paula Banholzer (»Bi«) das uneheliche Kind vom Eugen Bertolt bekommen hat. Nach zweieinhalb Jahren Tändelei war sie bereit, Brecht zumindest teilweise an Bi abzutreten. »Paula, willst du mittun? ... Ich hab Angst vor ihm.« Wolkenromantik konnte sie sich nicht leisten. Sie hätte auch lieber mal einen »gscheiten Brief, net alles so in Gedichtform« von Brecht bekommen. Zwar war er in ihren Augen »ein idealer Mensch« und »sehr anständig«, aber zugleich fürchtete sie doch seine Leidenschaftlichkeit und versagte sich ihm schließlich endgültig. Brechts Küsse und wohl vor allem das darauf gemünzte Gedicht haben ihr jedoch wohl das ganze Leben auf der Seele gelegen: An ihrem Türschild steht nicht nur ihr Ehename Eigen, sondern auch noch der alte Mädchenname Aman, unter dem sie nun ein für allemal in die Literaturgeschichte eingegangen ist.

Der ästhetische Reiz des Gedichts von der Marie A. entsteht aus der frappierenden Aufrichtigkeit des Dichters. Wer gibt schon so unumwunden zu, daß ihm das Gesicht (die Persönlichkeit?) der Geliebten aus dem Gedächtnis entfallen ist? Statt dessen erinnert er sich um so genauer der Umstände, in denen er sie küßte: der Jahreszeit, der Bäume, des Himmels und vor allem der Wolke. Er gibt quasi zu, daß es sich bei diesem Erlebnis wohl um keine ganz tiefe Liebe gehandelt hat. Vielleicht war vor allem der Naturtrieb im Spiele, was durch den Hinweis auf die umgebende Natur, mit der sich das dichtende »Ich« so einig weiß, nur noch unterstrichen wird.

Das mag vielen Frauen böse und typisch männlich anmuten. Ich selbst habe mich mit der *Marie A.* – trotz meiner Begeisterung für viele andere Liebesgedichte Brechts – erst spät anfreunden können, als mir bewußt geworden war, daß doch auch wir Frauen der »Liebe als Naturgewalt« unterliegen, wenn wir ihr auch oft noch weniger unbedenklich, weniger genußvoll folgen mögen als die Männer. Andere, stärkere Lebenshaltungen, die uns das Patriarchat der letzten Jahrtausende aufgezwungen hatte, trieben und treiben uns zur Rationalität, manchmal sogar zum Kalkül in der Liebe – wie es Marie Rose Aman mit praktischem Sinn selbst dargelegt hat. Aber passiert es uns nicht auch, daß wir durch eine Farbe, die ein früherer Geliebter trug und die wir nun irgendwo im Straßengewühl wiedertreffen, an ihn erinnert werden? Dasselbe kann für Gerüche gelten, etwa von Speisen, die wir mit ihm zusammen gegessen haben. Sie erinnern uns an ihn, selbst Jahre noch, nachdem wir uns getrennt haben. Während die Männer jedoch diese Erinnerungen häufig wie eine Art Jagdtrophäe zu betrachten gewohnt sind, spülen sie in uns Frauen häufiger doch auch das Bild des Geliebten selbst wieder mit hinauf, mitsamt den zwiespältigen Gefühlen, die er einst in uns ausgelöst haben mag: Hoffnung auf Lust und Sorge vor Verlust. Wir sind eben (noch?) nicht alle der Meinung, wie zum Beispiel Lenins Freundin Ines Armand, die – wie Alexandra Kollontai – verkündete, daß ein Liebesakt auch von einer Frau wie das Trinken eines Glases Wasser empfunden werden könne. (Was dieser Klassiker freilich nicht gelten lassen wollte.)

Gleichgültig wie man zu dem Gedicht steht – wer sich näher damit beschäftigt, kommt schwerlich wieder los davon. Beim Untersuchen der in den letzten Jahren zugänglich gewordenen Jugendtagebücher und Briefe Brechts können neue Interpretationsebenen erschlossen werden. Zunächst ist festzuhalten, daß die Wolke, die in den Augen der ganz oben zitierten männlichen Lesarten so munterleicht dahinzufliegen scheint, damals bei Brecht eher ein ernstes, ins Tragische gehendes Bild war:

Das Lied von der Wolke der Nacht

Mein Herz ist trüb, wie die Wolke der Nacht
Und heimatlos, oh Du!
Die Wolken des Himmels über Feld und Baum
Die wissen nicht wozu.
Sie haben einen weiten Raum.

Mein Herz ist wild, wie die Wolke der Nacht
Und sehnsuchtstoll, oh Du!
Die will der ganze weite Himmel sein
Und sie weiß nicht wozu.
Die Wolke der Nacht ist mit dem Wind allein.

Max Högel wies zu Recht darauf hin, daß das Bild von dem Frauengesicht, das hinter einer Wolke verschwindet, in der 1919 entstandenen *Ballade vom Tod der Anna Gewölkegesicht* vorgeformt ist:

Einmal sieht er noch ihr Gesicht: in der Wolke!
Es verblaßte schon sehr. Da er allzu lang blieb ...
Einmal hörte er noch, fern im Wind, ihre Stimme
Sehr weit in dem Wind, in dem die Wolke hintrieb ...

Brecht hat das Bild eines in einer Wolke heran- oder fortschwimmenden Gesichts öfter verwendet, es taucht zum letztenmal 1935 im *Schuh des Empedokles* auf. Meist war damit eine ernste, melancholische Atmosphäre der Liebestrauer verbunden. Die *Ballade vom Tod der Anna Gewölkegesicht* war wohl nicht der Marie Rose Aman gewidmet. Man muß sie eher zu Brechts Liebesschmerzen in bezug setzen, in die er durch die Beziehung zu Bi Banholzer geworfen wurde. Bis Stärke bestand nicht nur in bewundernswerter Autonomie gegenüber Brecht. Sogar noch nach der Geburt des gemeinsamen Sohnes war sie sich nicht ganz sicher, ob sie ihn überhaupt heiraten wollte. Brecht hatte in ihr zum ersten Male eine ihm charakterlich ebenbürtige Frau gefunden. Und ihr Gesicht war es, das er damals immer wieder vor sich schweben sah, als schwebte es in einer Wolke: »Nach einem Tag ohne Tagwerk, voll von Rauchen, Schwatzen, Bummeln und unnützen Haltungen, schlafe ich schlecht in der heißen Budike und verwickle mich in Eifersuchtskrämpfe. Über dem blassen Plafond schwimmt das Gesicht der Bi: es ist unruhig.« Zwischen dem auf dem Plafond oder in einer Wolke schwebenden Gesicht der Bi und dem Wolkenbild in der *Marie A.* besteht jedoch ein wesentlicher Unterschied: Das Gesicht der Geliebten schwebt ja nun gerade nicht in der Wolke. Es wird sogar mit Nachdruck darauf verwiesen, daß die Wolke nichts mit ihr zu tun hat – und die Stärkere ist. Sie, die Wolke, wird bleiben, das Gesicht verschwindet. Hier handelt es sich gewissermaßen um eine Negation der mit einem geliebten Gesicht verbundenen Wolkenmetapher. Eine Parallele findet sich – nicht zufällig – nur in dem im vorigen Kapitel zitierten Gedicht »Von He«, die »wie eine Wolke« dahinging, »von der es heißt: sie war nie gewesen«. Dem Liebesirrtum versagt Brecht den Platz in den Wolken.

Die autobiographischen Quellen haben gezeigt, daß es sich auch im Falle des der Marie Rose Aman gewidmeten Gedichts um keine Oberflächlichkeit des jugendlichen Liebhabers Brecht gehandelt hat, sondern um das Ausklingen einer fünfjährigen, erfolglos bleibenden Werbung. Marie Rose Aman behauptet, Bert Brecht im Frühjahr 1915 in einer kleinen Eisdiele zum erstenmal begegnet zu sein. Wenig später begannen die regelmäßigen Rendezvous. Im Jahre 1920, kurz vor dem Ausklingen dieser Jugendliebe, entstand das Gedicht.

Auffallend ist, welchen weisen, beinahe altväterlichen Gestus es ausstrahlt. Er ist durchaus beabsichtigt. Angeblich sind viele Monate seit dem Ereignis unterm Pflaumenbaum verstrichen. Die Zeile, daß »jenes Weib jetzt vielleicht schon das siebte Kind hat«, erweckt sogar den Eindruck, daß die Geschichte mit der Rose schon Jahrzehnte zurückliegt. Brecht hat das Gedicht jedoch nicht als reifer Mann geschrieben, sondern in jenem Schnellzug, der ihn am 21. Februar 1920 zum erstenmal von München nach Berlin bringen sollte. Die Situation im Zuge war für ihn existentiell, er fühlte seine künstlerische Zukunft in greifbare Nähe rücken. Das Gedicht-Lied trug zunächst den Titel *Sentimentales Lied Nr. 1004*, was – wie Jan Knopf herausgefunden hat – auf Brechts Casanova-Lektüre verweist, der behauptete, 1003 Frauen geliebt zu haben. Die Dichtung ist jedoch auch direkt in die Melodie des damals gerade sehr populären Chansons *Verlor'nes Glück* hineingeschrieben, was für die psychologische Rekonstruktion des gedanklichen und gefühlsmäßigen Ausgangspunktes jedenfalls nicht unwichtig ist. Der Schnellzug fliegt nun so eilig durch die Landschaft, wie die Wolke in dem Gedicht über den Himmel eilen muß, um Bertolts Aufmerksamkeit vom »durstigen Gesichtchen« der Rosl abzulenken. Er fühlt, daß er aufhören wird, ihr nachzusteigen, der Jugendtraum muß zerrinnen. Ein neuer Lebensabschnitt beginnt, Wehmut und kühne Hoffnung verschmelzen zu einer Art Lebensbilanz, die Kraft zu neuem Aufbruch spenden soll. Auf derselben Reise schreibt Brecht die *Ballade vom armen BB*.

Die abgeklärte Weisheit, die aus der *Marie A.* zu klingen scheint, war in Wirklichkeit konstruiert, sie war eine selbsttherapeutische Maßnahme (ein häufiger Wesenszug von Dichtung), ein Versuch, aus der aussichtslosen Beziehung zu Marie Rose Aman endlich herauszufinden. Zum Trost malt er sich aus, wie er später als gereifter Mann über die Affäre denken wird. Bei dieser Vorstellung reift er dann auch schon heran: der Bruch, der innerlich vollzogen wird. Es handelt sich also um einen Bewältigungsversuch eines aktuellen Konflikts. So sind denn auch die »sieben Kinder« weniger Metapher für ein uninteressant gewordenes Hausweib, als wir denken mögen. Sie stellten vielmehr einen echten Vorschlag Brechts in seinen Träumen mit der Aman dar. Sie selbst hat der *Augsburger Allgemeinen* jedenfalls anvertraut: »Nach Brechts Vorstellungen sollte ich jedes Jahr nur einen Hut bekommen, aber im Laufe der Zeit sieben Kinder.« Dem Leser erscheinen diese »sieben Kinder« als Zeichen für den enorm angewachsenen Abstand eines einstigen Paares. Für den Dichter selbst steckte wohl die noch aktuelle Enttäuschung dahinter, daß es ihm nicht gelingen würde, der Rosl diese sieben Kinder zu machen.

Daß das Gedicht in der Tat nur den intellektuellen Versuch darstellt, Abstand zur Marie Rose Aman zu gewinnen, geht aus Tagebuchaufzeichnungen vom August 1920 hervor, wo sich noch einmal eine dem Gedicht recht ähnliche Episode abgespielt hat. In einer Notiz vom

26. August 1920 ist zu lesen, daß er der Rosl abends, auf einer Bank herumrutschend, das weiße Visägechen abgeküßt und etwas zerdrückt habe. »Der Himmel ist bewölkt, er schwimmt über uns weg ...« Man möchte meinen, der Dichter habe seine eigene Dichtung noch einmal gelebt, denn er fügt auch hinzu, daß er in der später hereinbrechenden Nacht allein »wie kaltes Getier durch wimmelndes Gesträuch« getrabt sei, wobei ihm »die Wolken fast auf das Genick gefallen« waren. Schließlich faselt er noch von einer gewissen »Sauarbeit der Entjungferung«, was er allerdings auf das schwierige Gebären poetischer Einfälle bezieht. Wir haben jedoch Grund zu der Annahme, daß ihm das Bild keineswegs aus dem Nichts entgegengeflogen ist. Aus Briefen und Tagebüchern geht hervor, daß sich nicht nur die Poesie, sondern auch die Rosl wieder einmal verweigert hatte. Und dieser Augustabend 1920 war Brechts letzter Versuch an ihr, nachdem er fünf Jahre geworben hatte. Mit dieser Hintergrunddokumentation liest sich die *Erinnerung an die Marie A.* um vieles beschaulicher, als Ernst Busch sie singt!

Die traditionelle Germanistik hat das Gedicht von jeglichem personellen Bezug gelöst und in die faustische Tradition gestellt. Damit zerschmolz die Rosl zum »Ewig-Weiblichen«, wurde verklärt zum Prinzip rastloser Sehnsucht, die im Augenblick selbst, in dem das Ziel der Leidenschaft erreicht ist, schon wieder fad geworden ist, in ihren natürlichen Begrenzungen zu klein für die Höhenflüge des Genies, das nun einmal seiner Natur nach dazu verdammt sein soll, sich immer wieder neue Ideale zu suchen. Einer solchen Interpretation haftet die Rechtfertigung jener klassischen Männlichkeit an – welche ja durchaus und gerade mit dem Faustischen übereinstimmt. Davon hat sich meine Deutung bewußt abgestoßen. Die am Biographischen orientierte kontextuelle Analyse zeigt uns keine Personen, die die Dimensionen eines Faust und eines Gretchen haben. Eher tritt da ein unsicherer junger Mann hervor, der vor allem in seiner Dichtung den starken Mann markiert – und eine Frau, die am Ende weiß, was sie will beziehungsweise nicht will: kein Abenteuer mit dem ihr zwar sympathischen, aber zu unsteten Dichter.

Furchtbar, ein Gedicht dermaßen zu zerpflücken, daß schließlich das Gegenteil von dem herauskommt, was man bei der ersten Lektüre verstanden hat – höre ich den Leser schon stöhnen. Aus dem rauhbeinigen, allenfalls etwas romantischen Baal ist ein sensibler, fast schüchterner junger Brecht geworden! Mir scheint, daß die Wahrheit in concretum irgendwo dazwischen gelegen haben muß. Und in diesem Gedicht haben wir ein eigenartiges Amalgam vor uns: einerseits Wirklichkeitsbewältigung und andererseits eine Produktion neuer, fiktiver Wirklichkeit, die erst erworben werden will. Das mag überhaupt ein Grundzug von Liebeslyrik sein.

Die auf den ersten Blick vielleicht verwirrende Fülle der hier dargelegten Interpretationsvorschläge soll auf die Vielschichtigkeit von Dichtung überhaupt hinweisen, mit der die Möglichkeit vielfältiger Deutungen einhergeht. Diese können sich unter anderem auch deshalb widersprechen, weil sie erst in ihrer absoluten, freilich unendlichen Summe Kohärenz ergeben können. Deshalb sollte eigentlich jede Gedichtanalyse einen gewissen Spielcharakter haben …

Mit all dem soll freilich keinesfalls der Wert – und der Charme – einer ersten subjektiven Lektüre unter den Tisch fallen. Aber der Groll, den diese – zunächst faustisch wirkende – Dichtung in manch einem auslösen mag, kann in eine Art Sympathie umschlagen. Zumal ich überzeugt bin, daß auch uns Frauen solche Wolkensituationen zustoßen können – wenn uns ein Gesicht in der Wolke auch immer lieber sein wird als eines, das dahinter verschwindet.

Immer wieder hatten mir Brecht-Kenner zugeflüstert, daß die »Pflaumen« für den Dichter eine deftige erotische Metapher waren. Welche wohl? Von derber Sprache ziemlich abgeschirmt aufgewachsen, habe ich seltsamerweise lange gebraucht, es herauszubekommen. Nun ja, die meisten wissen es seit eh und je – die Pflaume ist ein Synonym für die weiblichen Schamlippen. Nun auch noch das! Kehren nun unsere strengen Gefühle, unsere Vorurteile gegen die Dichtung zurück? Wie die *Erinnerung an die Marie A.* nun plötzlich auch noch ein obszönes Machwerk? Oder gar Pornographie?

Beim nochmaligen Durchlesen des Gedichts und dem Auflösen der Metapher entsteht kein rechter Sinn. Offenbar handelt es sich doch um kein pornographisches Puzzle, sondern um einen allgemeinen Bezug zum weiblichen Geschlecht, das brachliegen (»abgehauen« sein) oder aber »blühen« (gebührende Beachtung auf sich ziehen) kann.

Gegen eine vorschnelle Aburteilung des mit der Pflaumenmetapher verbundenen dichterischen Wagnisses sprechen auch die beiden anderen Gedichte Brechts,in denen wieder von solchen Früchten die Rede ist: dem *Pflaumenlied* aus dem *Puntila* und einem Lied der Frau Kopecka aus *Schwejk im zweiten Weltkrieg*. Auch hier ist der Bezug zum volkstümlichen derben Bild nicht geradlinig direkt, sondern eher »atmosphärisch« zu nennen. Das *Pflaumenlied* widmete Brecht der Schauspielerin Therese Giehse, die auch seine erste große Interpretin war.

Als die Pflaumen reif geworden
Zeigt' im Dorf sich ein Gespann
Früh am Tage, aus dem Norden
Kam ein schöner junger Mann.

Als wir warn beim Pflaumenpflücken
Legte er sich in das Gras
Blond sein Bart, und auf dem Rücken
Sah er zu, sah dies und das.

Als wir eingekocht die Pflaumen
Macht' er gnädig manchen Spaß
Und er steckte seinen Daumen
Lächelnd in so manches Faß.

Als das Pflaumenmus wir aßen
War er lang auf und davon
Aber, glaubt uns, nie vergaßen
Wir den schönen jungen Mann.

Dieses wie auch das nachfolgende Lied aus dem *Schwejk* präsentiert die Pflaumenmetapher in einem Bezug zu ausgeprägt weiblich-erotischem Selbstbewußtsein. Als obszön empfinden dürfte das allein der hinterwäldlerischste Puritanismus, für den das weibliche Geschlecht nach wie vor nur eine geheimnisumwitterte Grube geblieben ist ...

Aus den autobiographischen Quellen, die mit der *Marie A.* zusammenhängen, wissen wir von der Ungeduld des jugendlichen Liebhabers und dem – sicher nicht weniger schmerzhaften – Ringen der ja auch verliebten Rosl um Geduld, Verzögerung beim Liebesabenteuer. Von hier können wir eine Linie zum 1943 entstandenen *Lied vom kleinen Wind* der Frau Kopecka ziehen, mit dem sich der mittlerweile gereifte Dichter den Frauen vielleicht versöhnen will. Diesmal wird der erbetene Aufschub des Liebesabenteuers mit Verständnis und Sympathie dargestellt – und obendrein noch aus weiblicher Sicht:

Eil, Liebster, zu mir, teurer Gast
Wie ich keinen teurern find
Doch wenn du mich im Arme hast
Dann sei nicht zu geschwind.
  Nimm's von den Pflaumen im Herbste
  Wo reif zum Pflücken sind
  Und haben Furcht vor mächtigem Sturm
  Und Lust aufn kleinen Wind.
  So 'n kleiner Wind, du spürst ihn kaum
  s' ist wie ein sanftes Wiegen.
  Die Pflaumen wolln ja so vom Baum
  Wolln aufm Boden liegen.

Ach, Schnitter, laß es sein genug
Laß, Schnitter, ein Halm stehn!
Trink nicht dein Wein auf einen Zug
Und küß mich nicht im Gehn.
  Nimm's von den Pflaumen im Herbste
  Wo reif zum Pflücken sind ...

Stärker als Baal: Bittersweet, Archetyp der Geliebten

…
Mit Wind und Wolken, Jahre über Jahre
Verschwimmt dein Antlitz, Bittersüße wieder.
Und in dem kalten Wind fühl ich erschauernd
Leicht deinen Leib, so halb im Schlaf, in Dämmerung
Ein wenig Bitternis noch im Gehirn.

Oft geht es uns so, daß wir eine Brille suchen, die wir auf der Nase tragen. Es mag gerade das Vorhandensein der Brille sein, das uns blind macht. Dasselbe kann uns mit dem geliebten Menschen geschehen: Während wir ihn unablässig suchen, ist er doch bereits neben uns. Und genau das passierte Brecht mit dem großen, natürlichen Weltweib. Er hatte es schon in Augsburg neben sich, suchte es aber noch anderwärts.

Die Arzttochter Paula Banholzer, von Brecht Bi genannt (manchmal auch Bie geschrieben), war die erste, die wirklich Maßstäbe setzte, was Brecht von Frauen erwarten sollte. Er lernte sie 1916 kennen und »redete« sie sofort seinem Freund Otto Müllereisert aus, der schon vorher ein Auge auf das bildhübsche Mädchen geworfen hatte. So stark Brecht auch andere Affären fesseln sollten – insbesondere die mit der ersten Ehefrau Marianne –, Bi blieb stets präsent, und »unterirdisch« sollte sie sein ganzes Leben präsent bleiben. Hedda Kuhn, aber auch Marianne Zoff machte er immer wieder klar, daß er die Bi im Grunde am meisten liebe: »Daß ich diese Frauen wie Hedda … nicht erzählen hören kann! Es ist alles falsch und geschminkt und stillos, die Sätze sind wie Karfunkel oder Abszesse, geschwollen und ungesund farbig … Bi da-

Mit Paula Banholzer, um 1918

gegen höre ich gern: Ich weiß, wie sie ist, und sie tut nichts zu den Dingen hinzu.«

Ehe es zum ersten, von Paula nicht ganz freiwillig gewährtem Rendezvous kam, vergingen fünf Monate ergebnisloser Verfolgungen. Schließlich sagte ihr ihre »Turnfreundin Maria Aman« während der Gymnastikstunde: »Du, da wartet einer draußen«, und da gab es dann kein Entrinnen mehr.

Paula!
Wenn du gut turnst – bekommst du einen Gaul.
Dein Vater versprach's. Du willst dich nicht binden?
Nun: Turnen *ist* schön. Also nur nicht so faul!
Und so manche, Paul, die *braucht* einen Gaul
Um einen Reiter zu finden.

Um der schönen Paula, die Sportlehrerin werden wollte, auch wirklich überallhin folgen und Rivalen beobachten beziehungsweise ausstechen zu können, lernte Eugen Bertolt sogar Schlittschuhlaufen, was ihm – Paula Banholzer-Gross zufolge – nur schlecht gelang. Bei ihr lag er überhaupt ganz hinten im Rennen, denn er gefiel ihr überhaupt nicht. Zwei ganze Jahre vergingen noch, bis man nach endlosen Gesprächen zu ersten Zärtlichkeiten überging. Brecht war »der einzige junge Mann unter allen (meinen) Bekannten, der keinen Hut trug«, und nun eben mal ganz und gar nicht ihr »Typ«. Aber er überzeugte sie durch seine wunderbaren Reden schließlich doch, und mit Reden schaltete er auch potentielle Nebenbuhler aus, die Bi magisch auf sich zog. Er bestellte die Herren einfach auf seine Mansarde und machte ihnen zuweilen in stundenlangen Diskursen klar, daß die Bi niemand anderem angehören könne als ihm, Bert Brecht. Sieben Jahre lang sollte er mit dieser Methode eine Unzahl von Konkurrenten schlagen.

Toll vor Eifersucht, bis aufs Blut geschlagen, konnte sich Brecht fühlen, weil er sich der Gegenliebe der Bi nie so ganz sicher war, weshalb er sie auch »Bittersweet« oder »Bittersüß« nannte.

...
Von allen Mädchen, längst schon vergessen
Weiß ich, sie waren gut, als ich sie küßte
Nur von ihr, nur von ihr, die mir die liebste war
Weiß ich das nicht.

Die fortdauernde Anziehungskraft der Paula Banholzer auf Brecht rührte wohl daher, daß sie – einigen gutbürgerlichen Äußerlichkeiten zum Trotz – im Grunde ebenso wie er eine Negation der Augsburger Sitten und Gebräuche verkörperte. Die Natur brach sich mit solcher Gewalt in der Frau Bahn, daß sie sich über alle Verbote und Konventionen ihres katholischen Elternhauses hinwegsetzte, welches keine Heirat mit dem angehenden Dichter aus protestantischem Hause zulassen wollte. Immer wieder schaffte sie es, der Aufsicht zu entkommen. (»Höchstens ins Theater konnte ich gehen. Aber auch da wurde ich meistens noch von den Eltern oder dem Dienstmädchen abgeholt.«)

Zum ersten intimen Beisammensein kam es bei einem gemeinsamen Ausflug nach München im Sommer 1918. Bi hatte Angst, allein in ihrem Hotelzimmer zu schlafen, wehrte den ersten Annäherungsversuch jedoch mit dem Argument ab, »nicht aufgeklärt« zu sein. Und so verging die Nacht erneut mit Gesprächen. »Von nun an machte er keinerlei Versuche mehr, mich zu verführen, sondern nahm mich in den Arm und klärte mich auf... Ich glaube, daß selten ein junges Mädchen auf solch zarte und geistreiche Art die Geheimnisse der Menschwerdung erfuhr.« Am nächsten Tag – Bi litt unter furchtbaren Kopfschmerzen, was sich leicht denken läßt – geschah es, daß sich beide schon nachmittags wieder ins Bett begeben mußten, und dort »überfiel er mich im wahrsten Sinne des Wortes, noch dazu mit großer Unbeholfenheit«.

Brecht, einundzwanzig, habe ihr später versichert, »noch mit keiner Frau beisammen gewesen zu sein. Ich bin sicher, daß er nicht log, denn sonst hätte er sich nicht so angestellt.« Er erklärte ihr, daß ihm »Freunde geraten hätten, erste Erfahrungen in einem Bordell zu sammeln. Er betonte, daß er das ganz einfach nicht könne, und wenn er es getan hätte, dann hätte er mich danach sicher nicht mehr anrühren wollen«. (Daß Brecht kein Bordellgänger war, sondern das Milieu nur zu Studienzwecken besuchte, bestätigt auch Marieluise Fleißer.)

Aus einem Brief Brechts an Caspar Neher liest sich das Ereignis so: »... Weißt Du: ich habe nur so Angst für Bittersweet. Ich habe sie ganz tapfer gemacht, ihr gar nichts vorgelogen, nicht einmal was verschwiegen, und sie hat mir nicht *einmal* einen Vorwurf gemacht. Obwohl sie ›es‹ nicht wollte und sich sehr wehrte. Aber es war so schön! Nichts davon war gemein, und danach hatte ich sie viel lieber als vorher. Ich trug sie auch ans Fenster, um den Sturm zu sehen, und streckte ihre Hand hinaus, daß sie fühlte, wie Sturm ist! Sie hat ein Gesichtchen wie ein kleines Kind, wenn sie Angst oder Freude hat ... Sie war eine Herzogin auf 3 Tage, und dann kam die verfluchte Angst, weil die Periode ausblieb! Sie ist noch nicht da, seit drei Tagen, ich warte auf das Telegramm, und ich hoffe, Du liest das nicht grinsend. Ich werde mir vom lieben Gott das Wunder nicht versauen lassen, das wir ihm stehlen mußten.«

Wenn Brecht in seinen frühen Tagebüchern behauptet, der Bi das Schwimmen beigebracht zu haben, so berichtet sie selbst, daß es umgekehrt gewesen sei. (Was mit einer Prahlerei begann, wurde später zur Methode: Auch in seiner Liebeslyrik schrieb er zuweilen vom Standpunkt der geliebten Frau aus.) Auch beim »Schiffschaukeln« auf dem Plärrer hat er wohl nicht so eine gute Figur gemacht, wie bislang immer angenommen. Ihm wurde schlecht dabei, er mußte bald wieder aussteigen. Dichterisch scheint er also auch hier eher ihre, der potentiellen Sportlehrerin, Technik beschrieben zu haben als seine eigene:

Vom Schiffschaukeln
I. Man muß die Knie vorwerfen wie eine königliche
Dirne, als ob man an Knien hinge. Die sehr groß sind.
Und purpurne Todesstürze in den nackten Himmel,
und man fliegt nach oben, bald mit dem Steiß,
bald mit dem vorderen Gesicht. Wir sind völlig nackt,
der Wind tastet durch die Gewänder.
So wurden wir geboren.

Fracht
I. Ich habe gehört, daß man vom Lieben einen dicken
Hals kriegt. Ich mag keinen. Aber vom Schiffschaukeln
kriegt man, höre ich, auch einen dicken Hals.
Also wird es nicht zu vermeiden sein.

Die Metapher vom »dicken Hals« klingt sonderbar hilflos und dünn. Eigentlich handelt es sich nicht um einen dikken Hals, sondern um einen dicken Bauch, den Bi infolge des Schiffschaukelns unwiderruflich bekam. Als die Schwangerschaft sicher war, hielt Brecht erneut bei ihrem Vater um ihre Hand an. Der jedoch blieb weiterhin unnachgiebig. Auch Brechts Vater wollte bei der Begründung eines Hausstandes nicht helfen, und so mußte Bi im dritten Monat in das Dorf Kimratshofen fahren und bei einem Bauernehepaar die Niederkunft erwarten. Da sie von ihren Eltern keinen Pfennig Geld mitbekommen hatte, lebte Brecht die ganze Zeit über »von Brot und Rübenmarmelade«, um Bis Aufenthalt finanzieren zu können. Bei seinen häufigen Besuchen kam er selbst im Schneetreiben zu Fuß von München herauf, um ihr auch noch das Busgeld dazulassen. So weit als möglich mit Liebe und Fürsorge versehen, gebar Bi am 30. Juli 1919 »ohne jegliche Mühe einen Sohn ... Brecht war überglücklich. Er blieb noch zwei Tage bei mir, obwohl er dringend nach München gemußt hätte.« Wenig später findet die Taufe statt – ein großes Fest, Otto Müllereisert und Caspar Neher fungieren als Taufpaten. Das Paar nannte den Jungen Frank – nach dem von Brecht und auch von Bi verehrten Wedekind. Da weder Bis Eltern noch Brechts Vater bereit waren, den Kleinen aufzunehmen, mußte er in Kimratshofen bleiben, was Brecht nicht ohne Schmerz und Widerspruch hinnimmt: »Ich lasse mein Kind in der Fremde laufen. Und mein Vater hilft mir nicht in meiner schwersten Zeit.« Und nach einem Besuch in Kimratshofen schreibt er: »Die Frau bringt den Buben, ich hatte eine tiefe Freude. Ich hatte Angst gehabt, er sehe bäurisch aus. Er ist schlank, zartgliedrig ... Er gewöhnt sich sehr schnell an mich.«

Bi wird durch die Schwangerschaft und die Geburt des unehelichen Kindes nicht aus dem Geleise geworfen wie die schwachen Frauen im *Baal*.

Gesang von einer Geliebten

.....

3. Ich hatte eine Frau, die war stärker als ich, wie das Gras stärker ist als der Stier: es richtet sich wieder auf.

4. Sie sah, daß ich böse war, und liebte mich.

5. Sie fragte nicht, wohin der Weg ging, der ihr Weg war, und vielleicht ging er hinunter. Als sie mir ihren Leib gab, sagte sie: Das ist alles. Und es wurde mein Leib.

6. Jetzt ist sie nirgends mehr, sie verschwand wie die Wolke, wenn es geregnet hat, ich ließ sie, und sie fiel abwärts, denn dies war ihr Weg.

7. Aber nachts, zuweilen, wenn ihr mich trinken seht, sehe ich ihr Gesicht, bleich im Wind, stark und mir zugewandt, und ich verbeuge mich in den Wind.

Trotz der Abschiedsstimmung in diesen traurigen, aus dem Jahr 1920 stammenden Zeilen, bleiben Bi und Brecht zusammen. Sie mußte sich nun allerdings ihren Lebensunterhalt selbst verdienen, was bedeutete, »in Stellung zu gehen«. Aber sie konnte bei einer Tante in München wohnen, die Brecht zwar nicht mochte und die seine Besuche zu sabotieren versuchte. Da sie jedoch eine Schwäche fürs Theater hatte, arrangierte man sich letzten Endes doch. Dort im Theater redete man Bi bereits als »Frau Brecht« an. »Er hat immer wieder versucht, aus mir eine Schauspielerin zu machen. Schon in Hinblick darauf, mich einmal in einem seiner Stücke, die er frühzeitig plante, einzusetzen.« Brechts Jugendaufzeichungen verraten, daß sie sogar schon als Urbild des von ihm angestrebten neuen Schauspielertyps fungierte: Er probte mit ihr das, was später einmal der »Verfremdungseffekt« werden sollte. In einer Notiz vom August 1920 ist zu lesen: »Wir liegen im Gehölz und üben Kino. Es ist schön zu sehen, wie die Bi spielt: ganz menschlich, ganz einfach. Eine Königin, das ist eine Königin, ein Erschrecken, das ist ein Erschrecken, und die Bi, das ist die Bi. Sie hat Stil, aber sie erreicht nie die Wirkungen der Natur. (Wenn sie aufs Gesträuch deutet, mit zwei Händen, und ganz entzückt ruft: ›Da sieh, der Falter!‹) Sie imitiert nicht die Natur: sie spielt!«

Ein Jahr später: »Wir trinken während eines schrecklichen Hagels ... Kaffee und filmen dann im leis tropfenden Wald die *Jungfrau von Orléans*. Die Bi spielt, wie die Johanna nach der Schlacht aus dem Lager in den Wald geht und wieder ein kleines Landmädchen zwischen den großen Bäumen wird, und sie spielt es naiv wie ein Kind und zugleich gerissen wie ein Star. Nach so vielen Jahren ist sie immer noch nicht erschöpft, sie überrascht einen immer.«

Auch die Gestalt der »Mitarbeiterin« ist bereits in ganz typischen Zügen in der Bi Banholzer vorgezeichnet. Sie berichtet: »Immer wieder sprach er mit mir über das Stück (*Trommeln in der Nacht* – S. K.) und wollte meine Meinung hören. Als ich ihm dann einmal einen Tip gab, der ihm gut gefiel, erzählte er sofort seinen Freunden, daß ich mit ihm zusammen das Stück geschrieben habe, was natürlich nicht stimmte. Ob er mir deshalb das Drama widmete, kann ich nicht sagen.« Hier entwickelte sich ein Mann, der in der Frau nicht nur die Frau, sondern den begabten, intelligenten und schöpferischen Menschen suchte. Immerhin eine Seltenheit in der heutigen Welt, in der sich Männer durch begabte, intelligente und schöpferische Frauen noch oft genug verunsichert fühlen, sie eher fliehen als lieben.

Obwohl der Bi das alles ganz gut gefiel, fehlte ihr doch auch manches. »Mit Brecht kam ich nie zum Tanzen ... Und zu seinem Kummer war ich eine begeisterte Tänzerin.« Einmal rang er sich doch durch, Bi zum Tanzen zu führen, brachte aber vorsichtshalber Verstärkung mit: Otto Müllereisert. Aber es »war schauerlich. Der Bert war ein unvorstellbarer Versager auf dem Tanzparkett.« (Wie subjektiv jedoch ein solches Urteil sein kann, wird daraus deutlich, daß Ruth Berlau Brecht für einen Meistertänzer hielt. Auch sie hat nur ein einziges Mal mit ihm getanzt, in einer Nyhavener Matrosenkneipe. »Er bewegte sich wunderbar, weil er so musikalisch ist – und er tanzte ungeheuer frech, frecher als ein Seemann.«)

Bi zog es mehr und mehr allein und heimlich auf die

Tanzböden, wo Brecht sie einmal ertappte und nach Hause abschleppte. »Aber auf dem ganzen Weg zur Schwanthalerstraße ärgerte ich mich darüber, daß Brecht mich so sehr beherrschte.« Nachdem er glaubte, Bi in sicherer Verwahrung bei der Tante zu wissen, stob sie wieder aus dem Haus und kehrte zum Tanz zurück. »Jahrelang habe ich mich noch darüber gefreut«, sagte sie später.

Aber Brecht kommt zu Ohren, daß die Bi »mit einem Musikanten im Orchideengarten saß, abends, sie hatte mich angelogen, sie gehe in den Ludwigsbau, und sich Schnäpse und Auto zahlen ließ ... Ich konnte nachts nicht schlafen, so traf es mich: Hier ist mein Zentrum, schießt nicht hinein! Sie ist mir mehr wert als alle zusammen, sie ist im Wachen meine Frau, ihrer bin ich nie sicher, sie ist stärker über mich als alle, sie liebe ich.«

Zur traditionellen Treue aber waren wohl beide nicht geboren. Wenn er schreibt, daß Bi ihm mehr wert ist als »alle zusammen«, dann deutet das auf andere Affären hin, in die sich Brecht in der Tat bereits verstrickt hatte. Seit Ende 1920 oder zu Beginn des Jahres einundzwanzig ist da vor allem an Marianne Zoff zu denken, die er übrigens zunächst ebenfalls nur durch seinen poetischen Redeschwall beeindruckt hatte, mit welchem er sie in ihrer Garderobe während einer Opernaufführung überspült hatte. Sie erinnert sich, daß das »spindeldürre Männlein ... überaus ungepflegt« wirkte. »Ich dankte artig und hoffte, daß er bald wieder verschwinden würde. Er aber bat, Platz nehmen zu dürfen, und begann ohne Unterbrechung zu reden.« Und so blieb ihr nichts weiter übrig, als ihn mit wachsender Faszination anzuschauen, »so wie man ein exotisches Tier im Zoo beäugt«.

Weil Bi nun in Nürnberg arbeitet und Brecht schon öfter in Berlin ist, sehen sich die beiden seltener. Man schreibt sich. Im November 1921 erreicht ihn dort ein Brief von ihr, in dem sie ihm mitteilt, daß sie wieder schwanger sei, und zwar seit »mindestens zwei Monaten. Es ist ein guter Brief, voller Fassung und Liebe, ohne jeden Ton von Jammer, ich liebe sie sehr, wie ich ihn lese, und erschrecke über die Maßen ... War eineinhalb Monate unerreichbar, konnte ihr nicht antworten. Die nächsten Tage bin ich allein, es regnet, der Teufel hat sein Hauptquartier in mir aufgeschlagen.« Schließlich kommt der zweite, erlösende Brief von Bi: »es sei alles all right, sie habe sich selbst helfen können. Ich schnaufe auf...«

Bi ist seit geraumer Zeit hin und her gerissen von Gefühlen für und gegen Brecht. Sie empfindet die räumliche Trennung »als durchaus angenehm«. Aber doch trifft sie ein Schock, als sie von seiner »Untreue« erfährt. Kurz entschlossen schießt sie mit demselben Stoff zurück und verlobt sich. Kaum hat Brecht ihren diesbezüglichen Brief erhalten, trifft er auch schon in Nürnberg ein, begrüßt den Verlobten kühl und tut ansonsten, als wäre dieser gar nicht vorhanden. Bi wirft die Situation aufs Krankenbett, und an dessen Rand findet nun ein fünftägiges Rededuell der beiden Kontrahenten statt. (Sie schläft vor Erschöpfung manchmal ein.) Am Ende hat Brechts Suggestivkraft noch einmal gesiegt: Sie löst die Verlobung auf.

Nach weiterem Hin und Her stellt sich im Herbst 1922 schließlich ein Herr Recht bei Bi vor und teilt ihr verzweifelt mit, daß seine Braut Marianne von Brecht ein Kind erwarte. »Glücklicherweise saß ich inzwischen auf einem Stuhl, sonst hätte es mich glatt umgehauen.« Recht machte die beiden Frauen einander bekannt, und sie beschlossen, Brecht gemeinsam zur Rede zu stellen – es kommt zu der bereits geschilderten Szene im Café. Brecht behauptet, beide heiraten zu wollen. Darauf verläßt Marianne Zoff grußlos das Lokal. Brecht sieht Bi »beglückt« an und streckt die Hand nach ihr aus. Sie aber sagt traurig: »Nein, Bert, ich will dich nicht mehr heiraten.«

Marianne Zoff hatte draußen auf Bi gewartet, und gemeinsam mit Recht gingen sie nun essen. Dieser war sehr froh, »seine Braut wiederzuhaben«.

Doch als Bi danach im Zug nach Augsburg sitzt, taucht Brecht plötzlich auf und schwört ihr erneut seine Liebe. »Was Wunder. Brecht schaffte es wieder, und wir versöhnten uns nach einer knappen Stunde.« Ein Hochzeitstermin wird vereinbart, von dem jedoch immer weniger die Rede ist. »Mir war das aber nicht unlieb, denn ich war erst 21 Jahre alt und wollte eigentlich noch nicht so schnell heiraten.« Und eines Tages gesteht ihr Brecht, daß er doch nicht umhin könne, Marianne Zoff zu ehelichen – aber nur, bis das Kind geboren sei. Dann wolle er sich scheiden lassen und sie, die Bi, heiraten.

Unter solchen turbulenten Umständen leidet das Verhältnis natürlich doch, es lockert sich. Bi belegt nun demonstrativ einen Tanzkurs in Augsburg und »lernte dort junge Männer kennen, die ganz anders waren als er«. Sein »Magnetismus« auf sie ließ nach, und sie »fand immer mehr Geschmack an der Vorstellung eines mehr bürgerlich geregelten Lebens«. Ehe dies jedoch zu verwirklichen war, kam es noch einmal zu einem Rededuell zwischen Brecht und ihrem späteren Ehemann, dem Kaufmann Groß, aus welchem Brecht, wenn auch das letzte Mal zunächst als Sieger hervorging. Da er jedoch sofort wieder nach Berlin zurückfuhr, blieb Herrn Groß der Vorteil der ständigen Präsenz. Er bestürmte Bi täglich mit Anträgen, und als diese erfuhr, daß Brecht in Berlin nicht allein die Ehefrau Marianne ab und zu empfing, sondern auch noch »ein anderes Eisen im Feuer hatte«, beraumte man endgültig einen Hochzeitstermin mit Groß an, freilich nicht, ohne Brecht davon Mitteilung zu machen. Da erreichte sie ein Anruf aus Berlin. »Helene Weigel war am Telefon und sagte mir, daß mich Brecht für ganz, und zwar sofort, nach Berlin haben wolle. Alles sei gelöst. Er habe mir bereits eine Stelle bei einer Bank besorgt, habe für die gemeinsame Wohnung und für alles andere Sorge tragen können. Mit dem Befehl, ich solle nun meinen Koffer pakken, beendete Helene Weigel das Gespräch, ohne auf meine Antwort zu warten.«

Am nächsten Tag reiste »das andere Eisen« sogar persönlich an. »Sie sagte mir, daß er so schnell nicht von Berlin habe wegfahren können, und daß er deshalb, da die Zeit dränge, sie geschickt habe ... Helene Weigel sprach lange mit mir, aber sie verfügte natürlich nicht über die Überzeugungskraft von Brecht.« So kam die größte Jugendliebe Brechts auf sehr seltsame Weise zu einem gewissen Beschluß, wenn auch nie zum eigentlichen Ende. Über die Trennung von Paula Banholzer existieren mehrere wunderschöne, herbe Gedichte. Eines enthält eine Parallele zur *Marie A.*, seine abschließende Wende verläuft jedoch gegenteilig. Wenn Brecht der Marie Rose Aman sieben Kinder andichtet und – zumindest für den Leser – damit das Bild der träge und uninteressant gewordenen Hüterin der »kleinen Hütte« heraufbeschwört (wir hatten freilich gesehen, daß hinter dem Bild mehr Persönliches steckt), so spricht er hier von der Befürchtung, daß seine frühere Schiffschaukelbegleiterin beim Wiedersehen »ohne Gesicht, verdummt und verschwommen« sein könnte. Seine Empfindung angesichts dieser Befürchtung ist aber die entgegengesetzte als bei der *Maria A.*: Auch das wird ihn nicht stören. Im Nebel der Erinnerung ist die Schiffschaukel zur »Arche« geworden:

Vor Jahren in meiner verflossenen Arche

I

Vor Jahren in meiner verflossenen Arche
Zur Zeit der Allerseelenstürme ein Weib
Die fuhr mit ins Schwarze. Immer schwankten um uns
die Bohlen

Doch sie gab einen Halt, gab mir in die Hand ihren
Leib.

2
In mancher orangenen Frühe, zwischen den Hölzern
Knie an Knie noch während der Sturmwind schrie
Nachts sind schwarze Regen aus Sternenhöhen gefallen
Und ihr trunkener Takt war in unserem Knie.

3
Wohl verließen wir uns an einer Küste, im Riffgebiet
Das Schiff war auch leck. Der Abschied leicht. Ich war
satt:
Wir sahen uns, bleich von der Lieb noch in die Augen.
Viele Wochen noch war das Meer mir glatt.

4
Nach vierzehn Jahren werde ich von Haiti kommen
Vom Fieber geschüttelt und vom Salzwind naß
Sie wiedersehen ohne Gesicht, verdummt und
verschwommen
Und darüber lachen: denn ich liebe auch das.

Paula Banholzer-Groß erinnert sich, daß Brecht nicht nur »sehr zärtlich und rücksichtsvoll« gewesen sei, er habe sie »in diesen sieben Jahren ... immer behandelt, wie man eine Dame behandelt ... Was aber hätte mich an der Seite Brechts erwartet? Seine ständigen Abenteuer mit anderen Frauen. Die Emigration ... Aber ich habe sehr intensiv mit Brecht gelebt; die Jahre mit ihm zählten doppelt und dreifach, und eine Steigerung in einer Ehe wäre kaum vorstellbar und denkbar gewesen.«

Die Stärke und charakterliche Autonomie der Paula Banholzer sollten Brecht fortdauernd prägen. Niemals hat er schwache, Abhängigkeit suchende Frauen gemocht.

Sowohl in Bi als auch in Marianne hatte er bereits Frauen gefunden, deren Sein dem Bewußtsein auf sympathische Art entglitt: Aus bürgerlichen Elternhäusern stammend, bedeutete ihnen die Ehe schon noch etwas, aber nicht alles. Treue war ihnen ein Wert. Im Endeffekt aber konnten sie kaum treuer sein als Brecht selbst. Auch Marianne Zoff mußte sich schon recht bald zwischen Brecht und Theo Lingen entscheiden, und sie traf wohl die für sie richtige Entscheidung zugunsten des letzteren. Sie mag ihr leichter gefallen sein, weil es ihr nicht erspart blieb, ihren Ehemann mit jener Frau in flagranti zu ertappen, mit der er dann tatsächlich sein Leben teilen sollte: Helene Weigel.

Eine Welt der chaotischen Unmoral? Ist hier wirklich ein »brutaler Mann« am Werke, wie Carl Pietzcker meint, der »die Frauen erniedrigt, von der einen zur nächsten wechselt, sie den Fluß hinunterschwimmen oder ihr Gesicht verblassen läßt ...«? Mancher mag heute noch Empörung verspüren, obwohl – oder gerade weil hier eigentlich keiner der Beteiligten zu Schaden gekommen ist. Man trennte sich ohne Rachegelüste voneinander und ohne »die Brücken abzubrechen«. Man war nicht eifersuchtsfrei, aber doch auch nicht zu eifersüchtig: Brecht verkehrte freundschaftlich im Hause von Marianne Zoff und Theo Lingen, der nun nicht nur Brechts Tochter Hanne gegenüber Vaterpflichten übernahm, sondern auch im *Badener Lehrstück*, in *Mann ist Mann*, in der *Dreigroschenoper* und in der *Mutter* spielte. 1927 erreichte das Paar nur mit Mühe Brechts Einwilligung zur Scheidung: Er fand sie überflüssig und wohl noch immer Gefallen daran, mit der schönen Marianne auf irgendeine Weise liiert zu sein. Mit keinem unsteten Wanderer von Bett zu Bett haben wir es also zu tun, sondern wohl eher mit einem seltsamen Individuum, das um 1930 von sich selbst sagte: »Ich war mir auch zu weich. Ich vermied Entschlüsse, besonders solche, die anstelle eines bekannten Sichtbaren ein unbekanntes Vorgestelltes setzten. Ich war unfähig, Beziehungen von mir aus abzubrechen.« So paradox es klingt: Brecht war aus Treue polygam.

In dem scheinbaren Chaos flammen neue menschliche Haltungen auf, besonders auch in Hinsicht auf Frank Banholzer. Da Bis Ehemann Brecht haßte, konnte Frank nicht bei seiner Mutter wohnen. Diese berichtet: »Nach Kimratshofen schickten wir ihn nach Wien, wo Marianne Zoffs Eltern ihn aufnahmen. Helene Weigel kümmerte sich auch ein wenig um Frank. Die Weigel hatte einen vermögenden Vater, der für Franks Erziehung Geld beisteuerte.« Frank Banholzer wohnte noch eine Weile bei einer Schwester der Weigel und dann schließlich bei Bis Mutter in Augsburg. Er verehrte seinen Vater und wollte Schauspieler und Schriftsteller werden. Er fiel jedoch im Kriege.

Brecht hat auch nach Bis Eheschließung noch öfter versucht, sie zu sehen. Zum letzten Treffen ist es 1932 gekommen, als er mit dem Auto durch Augsburg kam und Bi zufällig auf der Straße sah. Kurz entschlossen stieg sie ein und ließ sich zu einem kleinen Ausflug überreden. Als sie Brecht erzählte, daß ihr Mann manchmal davon sprach, ihn erschießen zu wollen, soll er das nicht sehr ernst genommen haben. Unsentimental nahm man Abschied – keiner von beiden ahnte, daß es das letzte Treffen war. Als Brecht 1949 noch einmal nach Augsburg kam, war Bi – aus welchen Gründen auch immer – nicht aufzufinden.

In einer Tagebuchaufzeichnung von 1953/54 schreibt Brecht, daß seine derzeitige Freundin »vielleicht meine letzte ist« und »sehr meiner ersten« gleicht: »Wie jene ist auch sie leichten Gemüts; wie bei jener überrascht mich tiefere Empfindung ... Meine jetzige Freundin ist wie meine einstige am lieblichsten, wenn sie genießt. Und von beiden weiß ich nicht, ob sie mich lieben.«

Seiner frühen Liebe hat der späte Brecht 1954 noch ein kleines Denkmal gesetzt, das jedoch tief blicken läßt, und zwar im Zusammenhang mit seiner Asienleidenschaft, die sie bereits mit ihm geteilt hatte: Bi kochte hervorragend »Thee« und trug gerne einen Kimono, wovon auch eines ihrer schönsten Fotos zeugt. Brecht war es niemals vergönnt, eine Chinareise zu unternehmen. Um so mehr nahm er an der Chinabegeisterung teil, die in den fünfziger Jahren unter den Kommunisten der DDR herrschte.

Welch gewaltiger Bogen führt von der Teeromanze zwischen Bi und Bidi über dessen Bewunderung für die Philosophie und das Theater der alten Chinesen bis hin zur Begeisterung für die chinesische Revolution! Brecht scheint selbst die persönliche Kontinuität in diesem Bogen stark empfunden zu haben, an dessen Anfang sein großes Gefühl für die Bi Banholzer gestanden hat, das niemals völlig erlöschen wollte. Gemunkelt wurde sogar, daß er sich nach seiner Rückkehr aus der Emigration noch einmal mit dem Gedanken trug, sie nach Berlin kommen zu lassen. Da sich dieses Unternehmen jedoch nicht realisieren ließ, blieb ihm nur die Möglichkeit zu einem kleinen Gedicht, das halb ironisch, halb ernst den Gleichklang, der trotz aller Turbulenzen einst zwischen Bi und Bidi geherrscht hatte, als liebenswürdige Mischung zwischen Nostalgie und Wunschtraum heraufbeschwört:

Bidi in Peking
Im Allgäu Bi
Guten, sagt er
Morgen, sagt sie

Die weibliche Brecht-Kritik

Weibliche Lesarten haben verschiedene Aspekte der Brecht-Kritik hervorgebracht. Frauen – und neuerdings auch Männer, die sich vor allem von den *Gedichten über die Liebe* skandalisiert fühlen, werfen Brecht »Sexismus« vor. Marie Louise Jansen-Jurreit beanstandet aber auch die in Brechts Dramatik entwickelte Mutterrolle. Sie zitiert das Gedicht *Lob der Wlassowa* aus der *Mutter*:

> Das ist unsere Genossin Wlassowa, gute Kämpferin.
> Fleißig, listig und zuverlässig.
> Zuverlässig im Kampf, listig gegen unsern Feind und
> fleißig
> Bei der Agitation. Ihre Arbeit ist klein
> Zäh verrichtet und unentbehrlich.
>
> ...
> Alle Wlassowas aller Länder, gute Maulwürfe
> Unbekannte Soldaten der Revolution
> Unentbehrlich.

Jansen-Jurreit kritisiert, daß Brecht ausgerechnet die in traditionellen Lebenszusammenhängen erworbene weibliche Eigenschaften der Frau (fleißig, listig, zuverlässig ...) als ihren spezifischen Beitrag zur Revolution hervorkehre. Er habe damit wohl »unbewußt männliche Herrschaftsperspektiven« festschreiben wollen. Ist aber der Vorwurf gegen einen Dichter gerechtfertigt, der in der *Unwürdigen Greisin* diese traditionellen weiblichen Eigenschaften durchaus als erniedrigend, entpersonalisierend, entfremdend dargestellt hat? Zum anderen will es mir nicht so falsch erscheinen, typisch Weibliches in den revolutionären Kampf einzubringen. Solange noch die – bislang typischen – männlichen Eigenschaften (Aggressivität und Herrschsucht, die die Welt immer noch in Kriege treiben) den Lauf der Dinge weitgehend bestimmen, haben die ganz spezifischen weiblichen Eigenschaften in gesellschaftlichen und privaten Kämpfen sicher noch ihre besondere Funktion, auch wenn sie traditionell erworben sind.

Jansen-Jurreits Argumentation zielt jedoch auf ein anderes Problem hin, welches tatsächlich eine Leerstelle in Brechts Dramatik darstellt: Die »neue« Frau, das Resultat der Emanzipation, tritt in seinen Stücken noch nicht als »neu« gegenüber dem Mann auf, sondern zunächst »nur« als »neu« gegenüber der Welt. In dieselbe Kerbe schlägt die feministische Kritik von Sara Lennox, wenn sie behauptet, Brecht sei schlichtweg darin gescheitert, die »sexuelle Macht der Frau« darzustellen.

Indes: die Leerstelle ist kein Zufall. Zu Fritz Sternberg hat Brecht einmal geäußert, daß es nicht mehr möglich sei, ein Drama allein an der Achse der Beziehungen zwischen einem Mann und einer Frau aufzubauen. Womit wir bei der immer wieder auftauchenden Streitfrage angelangt wären, ob oder wieweit »Emanzipation« innerhalb der »alten« Welt überhaupt möglich ist.

Brecht war in seinem Denken zu realistisch und demzufolge in seiner Dramatik ein Widerspiegler der alten Welt und ihrer Widersprüche, als daß er Utopisches auf die Bühne brachte. Eine neue Welt und ein neuer Mensch waren historisch noch unmöglich, und Brecht führt sie nur als Negation der alten Welt und des alten Menschen in seine Dramatik ein: als Revolutionär nämlich und nicht schon als Erbauer und Nutznießer einer erneuerten Gesellschaft. Es war geradezu ein Hauptanliegen Brechts, zu zeigen, daß jeder Versuch, ein neuer Mensch zu werden oder neuartige menschliche Beziehungen aufzubauen, in der alten Welt kaum Chancen hat, zumeist zum Scheitern verurteilt ist. Daher die zwingende Logik zur Revolution. Dies betraf jedoch nicht die Frau allein, sondern Brechts dramatisches Menschenbild überhaupt. Isoliert sich die Frauenbewegung von der sozialen Bewegung, kann es passieren, daß Brecht angeklagt wird – wie es die inzwischen von Laureen Klein Nußbaum kritisierte Sara Lennox tat–, seine dramatischen Frauengestalten zu »Demonstrationsobjekten« seiner politischen Ziele erniedrigt zu haben.

Ist es aber wahr, daß das Thema der Emanzipation der Frau im engeren Sinne, das heißt gegenüber dem Manne ganz und gar aus Brechts Dramatik ausgespart blieb? Zwei seiner schönsten Frauengestalten wagen den Sprung aus der einzigen Alternative, die die alte Gesellschaft für sie bereit hält, ein Leben als Hure oder das traditionelle Mutterdasein: die Anna aus den *Sieben Todsünden der Kleinbürger* und die Shen Te aus dem *Guten Menschen von Sezuan*. In beiden Stücken scheitert der Wunsch, in der alten Gesellschaft schon zur »neuen Frau« zu werden. Und es ist auch kein Zufall, daß beide Frauen schon zu Beginn ihrer Unternehmungen eine Persönlichkeitsspaltung als Preis zahlen müssen. Um überhaupt in den Kunstbetrieb hereingelassen zu werden – wo sie Geld für ein kleines Familienhaus verdienen will –, braucht die gute, weiche Anna ihre harte »männliche« Schwester. Und das Geld wird dann schließlich doch nicht mit der Kunst gemacht, sondern durch Prostitution.

Die Prostituierte Shen Te, der ein kleines Kapital von

den Göttern aus dem Himmel geworfen wird, will einen Tabakladen aufmachen, der »Gute Mensch von Sezuan« bleiben und ein persönliches Liebesglück verwirklichen:

Ich will mit dem gehen, den ich liebe.
Ich will nicht ausrechnen, was es kostet.
Ich will nicht nachdenken, ob es gut ist.
Ich will nicht wissen, ob er mich liebt.
Ich will mit ihm gehen, den ich liebe.

Keines ihrer drei Vorhaben läßt sich verwirklichen. Statt eine »neue Frau« zu werden, muß sie sich immer öfter in ihren Vetter Shui Ta verwandeln und die Praktiken des kapitalistischen Eigentümers beherrschen lernen. Spekulation um Geld zerstört ihre Liebesbeziehung zu dem Flieger Sun. Sicher nicht zufällig wird Shen Te dann doch Mutter. Und als sie merkt, daß sie die Gesetze der alten Welt nicht durchbrechen kann, schwört sie schon dem ungeborenen Sohn, daß sie eine reißende Tigerin werden will, um ihm das Wenige zu erkämpfen, das er zum Überleben braucht.

In der alten Welt bleiben die Träume der »neuen Frau« zumeist auf der Strecke. Ihre einzige Chance ist oft nur die Kombination von weiblichen und männlichen Kampfmethoden: Sex plus Geschäftsgeist und Kälte. Womit sie keine »neue Frau«, sondern bestenfalls eine traditionelle Hetäre geworden ist. Denn in der alten Welt gilt: »Die Güte der Frau ist eine Schwäche.«

Wenden wir uns nun einem anderen, von Jansen-Jurreit aufgeworfenen Problem zu: der »Anonymität und Namenlosigkeit« von Brechts Frauengestalten, die sich für den, der darin keinen negativen Symbolcharakter für ihre Allgemeingültigkeit erkennen kann, tatsächlich offenbart, und zwar sogar deutlich in der Vorliebe für häufige weibliche Vornamen wie Marie und Anna. Ein Blick in Brechts

Jugendaufzeichnungen scheint die Anschuldigung noch zu verhärten: »Welch ein Unfug, jedem Mädchen einen andern Namen aufzuhängen! Hieß etwa jedes Hemd anders, die Hemden waren doch auch gleich, folglich auch der Name!«

Marieluise Fleißer berichtet in ihrer Erzählung *Avantgarde* ebenfalls, daß der junge Brecht die Dienstmädchen, die sein Vater für ihn einstellte, alle »Marie« nannte. Die Fleißer führt uns jedoch auch auf den Pfad einer Erklärung für diesen scheinbaren Zynismus. »Er karikierte die Herrschaft, die trieb«, und das Dienstmädchen verstand selbstverständlich, daß da gespaßt wurde. Und die später in Brechts Werk auftauchenden Annas und Maries sind keine weiblichen Leitbilder, sondern dramatische Repräsentantinnen jener Stereotypie, die die alte Welt den Frauen aufzwingt. Bis heute ist die Ausbildung von Individualität für die Frau viel schwerer als für den Mann: vor allem aber auch ihre Verteidigung und Aufrechterhaltung während des ganzen Lebens. Diese Entpersonalisierung der Frau hat Brecht schon früh gefühlt und »widergespiegelt«. Das will jedoch nicht heißen, daß er sie verewigen wollte. Seine dramatische, zum Teil auch in der Lyrik zur Anwendung gelangte Methode, das Umdenken nicht durch pädagogische Kommentare, »wie es besser zu machen sei«, zu erreichen, sondern allein durch Demonstration des Mangelhaften, führt freilich immer wieder zu Mißverständnissen. Wir werden weitere zu behandeln haben.

Die Beschäftigung mit Brechts Biographie fördert indes zutage, daß er im Privaten durchaus die Utopie gesucht hat. Das scheint mir klar aus der Wahl seiner Freundinnen hervorzugehen, die alle dabei waren, »neue Frauen« werden zu wollen, freilich noch in einer schlechten Welt. Brecht war kein Mann, der um der Röcke willen hinter Röcken herlief. Er besaß den Wunsch und zudem ein außerordentliches Talent, begabte und charakterstarke

Frauen aufzuspüren und mit ihnen eine Symbiose einzugehen, die freilich nicht auf die »kleine Hütte« zielte, sondern auf gemeinsame, auf die Außenwelt gerichtete »Produktion«. Meine Analyse der Liebeslyrik der Reifezeit will vor allem zeigen, daß ihre Adressatinnen ausgeprägte Persönlichkeiten waren und daß Brecht gerade darauf mit außerordentlicher Sensibilität reagierte. Die Geschichte wollte es freilich noch, daß die ebenbürtigen Partnerinnen, die Brecht suchte und fand, in weitaus ungünstigeren Startpositionen saßen als er selbst, der sich ziemlich rasch als politischer und künstlerischer Avantgardist durchsetzen konnte. Und als Mann, werden wir hinzuzusetzen haben.

Marieluise Fleißers autobiographisch gefärbte Erzählung *Avantgarde*, die auf Brecht zielte, schien das feministische Argument aufzuwerfen, er hätte durch raffinierte Verknüpfung von Liebes- und Arbeitsbeziehungen begabte und emanzipierte Frauen ausgenützt: »Es war nicht ganz heraus, war sie seine Mitarbeiterin, Freundin, Geliebte oder wurde sie seine Frau. ›Das wird meine Frau‹, hatte der umstrittene Dichter ganz im Anfang gesagt. Aber was hieß das schon bei ihm, und was galt es bei seinem Verschleiß an Menschen? ... Der Mann war eine Potenz, er brach sie sofort ... Was er an ihr gesucht hatte, war die Begabung zuvor. Die Liebe war nur so mitgenommen, auch nicht zum Verachten. Das war vielleicht zum Lachen!« Das schlimmste an Brecht war, »es ging ihm zuvor um die Sache. Der Mensch war so wichtig nicht, der Mensch ließ sich ersetzen. Das sagte er ihr dürr ins Gesicht ... Was konnte sie schon für ihn tun, was ihm wirklich geben, das er nicht ebensogut von anderen hatte? Wenn eine bloß gut war zum Schreiben! Es unterschied sich zu wenig. Es war ihm verliehen, die Begabten an sich zu ziehen, das war eben seine Magie. Leute, mit denen er schrieb, fand er immer ...«

Die *Avantgarde*-Erzählung ist jedoch nicht frei von Selbstkritik. Die Fleißer erkennt rückblickend an, daß sie wohl mit zu traditionellen Hoffnungen und Wünschen in die Beziehung zu Brecht getreten war. Eigentlich wollte sie »an Zukünftigem bauen« (die »kleine Hütte«!) während »er« immer betonte: »der Mensch besitzt nicht den Menschen«. Sie konnte nun einmal ihre Ziele und Wünsche nicht ganz und gar auf die »Sache« konzentrieren, die Brecht wichtig war: das mit einem neuen Theater zu realisierende politische Engagement. Statt dessen hatte sie »in der fühlenden Brust ... mit ihm ihren ganz persönlichen Krieg. Sie ertrug den Schwarm von Weibern nicht mehr, der um ihn herum war, jede ein Ausbund«. Ein Ausbund von Talent, wäre hinzuzusetzen.

Auf Grund der »Sache« kam es zum Bruch zwischen Fleißer und Brecht. Das von ihm von der Entstehung bis zur Aufführung geförderte Stück *Pioniere in Ingolstadt*(»sie wäre gar nicht darauf gekommen«) erzeugte einen von Brecht vorhergesehenen und wohl sogar beabsichtigten Theaterskandal (von der Art, wie er sie für sich selbst ganz bewußt provozierte), dem sich die Autorin selbst jedoch nicht gewachsen fühlte. Der Dichter, der sie in ganz bestimmter Absicht zum Dichten anregte, »hatte so tief in ihr Leben gegriffen, davon gab es kein Zurück. Es wurde nie mehr wie zuvor. Er nahm ihr die kleine Stadt, an der sie hing, er nahm ihr den Ruf, an dem ihr gelegen war.« Die Fleißer trennte sich von Brecht, weil er sich nicht bereit zeigte, als persönlicher Tröster in einer Angelegenheit aufzutreten, die in seinen Augen »objektiv« war und ein Eintreten der Autorin selbst für die »Sache« erforderlich gemacht hätte.

Marieluise Fleißer hat an diesem Bruch, den sie selbst herbeigeführt hatte, ihr Leben lang leiden müssen. Sie flüchtete sich in Beziehungen zu Männern, die ihre Kreativität nicht förderten, sondern zerbrachen. Dieser Rückzug in die Privatsphäre brachte ihr – die traditionelle Frauenrolle ein. Diese wurde besonders tragisch verschärft, weil die Faschisten ihr eine »linke« Vergangenheit anlasteten – sie wurde zwangsarbeitsverpflichtet. Erst nach dem Tode ihres Ehemannes, für dessen Tabakladen sie sich abrackern mußte, wurde sie wieder frei zum Schreiben. Sie begann – sicher nicht zufällig – mit der Geschichte *Avantgarde*.

Leben und Werk der Marieluise Fleißer können als Symbol für die schwierige Conditio weiblichen Schreibens oder künstlerischen Schaffens überhaupt in unserer Epoche gelten. Christa Wolf notiert nach der wiederholten Lektüre von *Avantgarde*: »Trauer über das Schicksal dieser Frau, das mir unmenschlich, unglaubhaft, unmöglich vorkam. Ausgebeutet von allen, mißhandelt wie ein Tier. Die Männergesellschaft im Rohzustand, vom kommunistischen Dichter bis zum zerreißend kleinbürgerlichen Tabakhändler und zum Nazi-Hauswart, trifft sie unvermittelt.«

Brecht so undifferenziert in das Funktionsgefüge der »Männergesellschaft im Rohzustand« hineinzuziehen entspricht auch den Positionen einiger amerikanischer Feministinnen. Hier scheinen mir aber objektive Gegebenheiten der alten Welt vorschnell personalisiert zu werden. Daß Marieluise Fleißer nicht einverstanden mit der von Brecht dirigierten Form der Kommerzialisierung ihrer Kunst war, ist zwar in der Tat ihr gutes Recht gewesen. Das eigentliche Problem liegt aber darin, daß der Kunstbetrieb der Weimarer Republik ihr überhaupt keine Möglichkeit bot, dieses Recht auch wahrzunehmen. Die Skandalinszenierung war konkret die einzig mögliche Form der Kommerzialisierung gewesen. Daß die Fleißer – nach dem Bruch mit Brecht – in ihrer Liaison mit dem reaktionären Journalisten Hellmut Draws-Tychsen noch weniger literarisches Glück hatte, beschreibt sie selbst in ihrem Drama *Der Tiefseefisch*. Und ihr – für lange Zeit endgültiger – Ausschluß aus dem Kulturbetrieb ist dem Faschismus anzulasten. Eigentlich verbietet auch das genaue Lesen der keines dieser Elemente auslassenden Erzählungen der Fleißer selbst, ihr Werk vordergründig gegen Brecht gerichtet zu verstehen. Dieser hatte übrigens sofort, als er aus dem Exil zurückgekommen war, bei den Münchener Kammerspielen durchgesetzt, daß wieder Stücke von ihr gespielt wurden. Im Zeitalter des absurden Theaters war ihnen zunächst freilich kein großer Erfolg beschieden. Als die Fleißer in den sechziger Jahren endlich auf ein befriedigendes Come back zurückblicken konnte, gab sie auch öffentlich zu, daß sich ihr einstiger Konflikt mit Brecht »nach einem halben Jahr« hätte bereinigen lassen können und müssen.

Es steckt jedoch eine Art objektiver Ironie dahinter, daß Brecht ihr im Jahre 1956, bei dem herzlich verlaufenden letzten Treffen, abgeraten hat, in die DDR überzusiedeln, womit sich die Möglichkeit einer erneuten engeren Zusammenarbeit eröffnet hätte. Wieder glaubte er, daß die »Sache« der Fleißer doch zu große Schwierigkeiten bereiten könnte. Sie selbst berichtet: »Bei uns gibt's Sachen, Sachen gibt's bei uns, hat er gsagt. Damit werden Sie nicht fertig.« – »Was waren das für Sachen?« – »Politische hat er gemeint ...«

Aber es kommt noch ärger. Mit *Pioniere in Ingolstadt* sollte der Fleißer im Alter noch einmal dasselbe passieren wie mit Brecht. Ein junger Regisseur, der ebenfalls Erfolg und Ruhm sucht, geht daran, das Stück in seiner Urfassung auf die Bühne zu bringen, ohne die Erlaubnis der Fleißer einzuholen. Die schreibt nämlich gerade an einer Neufassung und will auf keinen Fall zulassen, daß die Urfassung auf der Bühne gespielt wird. Beinahe kommt es zum Prozeß, schließlich gibt sie aber nach, und zu allerletzt erklärt sie den jungen, aufstrebenden Regisseur zu einem ihrer »Söhne«: Rainer Werner Fassbinder.

In die Erzählung *Avantgarde* sind auch die Erfahrungen Elisabeth Hauptmanns mit Brecht eingeflossen. Ihre Arbeits- und Liebesbeziehung zu ihm hatte eine Zeitlang ähnliche dramatische Formen wie bei der Fleißer angenommen. Sie bestätigte später sogar das von dieser gezeichnete Bild Brechts der zwanziger Jahre, obwohl ihre Beziehung zu ihm eine ganz andere Wendung als die der Fleißer nehmen sollte.

Elisabeth Hauptmann hatte, wie die Fleißer, eine eigene literarische Laufbahn angestrebt. Außerdem war sie aktiv am Entstehen vieler Stücke Brechts beteiligt, insbesondere an der *Dreigroschenoper*, auf deren Sujet sie Brecht aufmerksam gemacht hatte. Ruth Berlau berichtet, wie die »Zusammenarbeit« organisiert war. Zeitweise belegte Elisabeth Hauptmann in Berlin eine Wohnung, die neben der Brechts gelegen und mit dieser durch Haustelephon verbunden war. Tag und Nacht war sie für Brecht einsatzbereit. »Wenn die anderen Mitarbeiter gegangen waren, werteten Brecht und die Hauptmann die Diskussionen aus und schufen Vorlauf für den nächsten Tag ... Wenn Brecht einmal verreiste, ließ er ihr Hausaufgaben zurück.«

Auch Elisabeth Hauptmann wurde von Brecht zu einem eigenen Stück angeregt: »Liebe Bess, heute fiel mir ein, ob Sie nicht Lust haben, sich an dem Massarygeschäft zu beteiligen? Ich würde Ihnen eine Fabel geben usw., und Sie würden ein kleines Stück draus zimmern, ganz locker und schlampig, meintwegen auch fetzchenweise! Eine teils rührende, teils lustige Sache für etwa 10000 Mark! Sie müßten es zeichnen, aber das würde Ihnen natürlich kolossal nützen.« Das tatsächlich entstandene, im Milieu der Heilsarmee spielende Stück *Happy End*, dessen Songs von Brecht/Weil stammten, konnte sich im Theaterbetrieb der Weimarer Republik jedoch auch nicht durchsetzen. Und die persönliche Krise, in die Elisabeth Haupt-

Mit Elisabeth Hauptmann, 1927

mann geriet – durch Brechts fortgesetzte polygame Lebensweise und die Priorität, die Helene Weigel darin gewann –, war nicht weniger tief als bei Marieluise Fleißer. Die in *Avantgarde* beschriebene Kühle, welche in jener Zeit von Brecht ausging, ist von ihr zunächst ähnlich zwiespältig empfunden worden. Brecht scheint alle seine Lebenskraft auf die »Sache« konzentriert zu haben – und eben das erwartete er auch von den Mitarbeitern. Für Elisabeth Hauptmann hat er Ende der zwanziger Jahre ein Gedicht geschrieben, das auch für die Fleißer bestimmt gewesen sein könnte. Das ausdrückliche Beharren auf der Härte seiner Forderungen ist jedoch nicht subjektiv zu verstehen. Man muß sich vergegenwärtigen, daß Brecht seine eigene Arbeit und auch die seiner Mitarbeiter als direkten Kampfbeitrag zu der sich enorm zuspitzenden politischen Auseinandersetzung verstand:

...
Du, der das Unentbehrliche
Wenige machen sieht, verlaß sie nicht!
Frage nicht nach deinem Anteil am Essen
Frage nicht nach deiner Beliebtheit.
Das Richtige
Braucht den kleinsten Fingerzeig noch!
Nenne nicht einen Ersatz
Wenn du gebraucht wirst!

...

Auf dich wurden Lasten gelegt, die man
Nur auf die sichersten Schultern legt.
Du wurdest übersehen wie das Nächstliegende.
Von dir wurde erwartet die besondere Einsicht.

So essen am letzten die, denen das Werk am nächsten
steht: die Köche

Wie immer du behandelt wurdest, so eben
Wurden die Geachtetsten behandelt.

Setze also deinen Namen nicht
Auf die nicht abreißende Liste
Der Abgefallenen.

Im Gegensatz zur Fleißer blieb Elisabeth Hauptmann im Brechtkreis, weil sie sich nicht nur für einen faszinierenden Künstler und Mann engagiert hatte, sondern weil sie als Mitglied der KPD auch für die »Sache« eintrat. Sie gewann den persönlichen Abstand, der für die Aufrechterhaltung der Beziehung nötig war, und lehnte auch einmal eine Zusammenarbeit mit Brecht ab, wenn sie ihr als Zumutung erschien. In diesem Punkte war sie später, wie Ruth Berlau berichtet, »viel vernünftiger als viele andere«. Selbst auch in die Emigration gezwungen, hielt Elisabeth Hauptmann die Verbindung zu Brecht aufrecht. 1935 arbeitete sie mit ihm zusammen an der New-Yorker Aufführung der *Mutter*. Nach der Emigration wurde sie Mitarbeiterin am Berliner Ensemble und sachkundige Herausgeberin von Brechts Werken.

Elisabeth Hauptmann hat Brechts Bestreben, Privates nicht publik zu machen, geteilt. Deshalb gibt es wenig authentische Auskünfte über die Beziehung Hauptmann-Brecht. Selbst der ihr 1972 gewidmete Dokumentarfilm *Die Mitarbeiterin* von K.H. Mund schweigt sich darüber aus, und auch der 1977 erschienene Band mit Texten von ihr und über sie geht nicht darauf ein. Kein Wunder, daß das Publikum auch in diesem Falle allzuleicht den Eindruck bekommt, der Dichter hätte seinen Ruhm auf dem Rücken opferbereiter und schließlich in die Einsamkeit abgeschobener Geliebter aufgebaut. Daß Elisabeth Hauptmann selbst eine vitale Frau war, die sich nicht weniger als viermal verheiratet hat – darunter auch mit Paul Dessau –, würde doch aber auch ein wichtiges Element zur ethisch-moralischen Beurteilung der Verhältnisse darstellen.

Unwichtig ist es nicht, ab und zu darauf hinzuweisen, daß Brecht auch intensive Zusammenarbeit mit schier unzähligen Männern pflegte. Schon seine Augsburger Freunde Georg Pflanzelt, Caspar Neher, Otto Müllereisert, Hans Otto Münsterer, Lion Feuchtwanger sind »Mitproduzenten« gewesen. In den zwanziger Jahren kommen noch unendlich mehr und neue Verbindungen hinzu: Arnold Bronnen, Erwin Piscator, Kurt Weill, Alfred Döblin, George Grosz, Fritz Sternberg, Karl Korsch. Hanns Eisler – einer der treuesten Mitarbeiter und Freunde Brechts, der ihn im amerikanischen Exil auch materiell unterstützte (er war selbst dort Inhaber von Lehrstühlen für Musik) – hatte sich auch über unverschämte Überlastungen, die Brecht ihm zumutete, zu beklagen. Weil er sich einmal nicht zum gemeinsamen Komponieren nach Skovsbostrand zitieren ließ, sondern sich lieber ein paar Tage in Paris erholen wollte, kam es zum Krach, »das fand er einfach eine Unverschämtheit von mir«. Schließlich schickte Brecht aber zwei Versöhnungsgedichte. »Und das war der Friedensschluß, der echte Brechtsche. Man produziert weiter.« Daß sich Eisler auch in Amerika nicht fortwährend bereit zeigte, in Brechts Auftrag Musik für die Schublade zu schreiben, war die Chance für Paul Dessau, der seinen Lebensunterhalt in den USA mit Arbeiten in Hühnerfarmen und Gärtnereien verdienen mußte. Für Brecht zu komponieren war schon lange sein Traum gewesen, und er hat, wie Ruth Berlau schreibt, dann auch bereits in Hollywood begonnen, »ohne zu murren für die Schublade« zu arbeiten.

Die scheinbare Kälte, der Abstand, den Brecht im privaten Leben zwischen sich und die Menschen setzt, beginnt mehr und mehr Form anzunehmen. In einer ersten Phase der zwanziger Jahre noch auf das Theater als solches konzentriert, das zu drastisch-radikalem Extremismus drängt, im Stil jedoch der »Neuen Sachlichkeit« verwandt ist, versteht Brecht das Theater mehr und mehr als aktiven Faktor der großen, auf eine historische Entscheidung hindrängenden politischen Kämpfe. Ohne das gemeinsame Engagement in der Politik, dem die neue Theaterkunst dienen soll, gibt es jetzt keine Freundschaft mehr und auch keine Liebe für Brecht. Die »Sache« ist es, die »Einheit« und »Abstand« zwischen den Liebenden schafft. Das Schicksal des Menschen ist nicht der Mensch, sondern die Menschheit. Das Schicksal des Individuums erfüllt sich nicht im Individuum, sondern in mehreren, ja vielen Individuen.

Mit seiner gering entwickelten Persönlichkeit ist der Spießer unfähig, mehrere Frauen gleichzeitig zu lieben. Seine eigenen, meist nicht ausgelebten polygamen Wünsche empfindet er als schmutzig. Da sie in der Tat nur auf das Geschlechtswesen der Frau gerichtet sind, sind sie das auch, und die Emanzipationsbewegung hat recht, sich gegen diese Oberflächlichkeit zu erzürnen. Gelingt es einem Mann jedoch, tiefgehende Liebesbeziehungen zu mehreren Frauen gleichzeitig zu entwickeln, reagiert der Spießer mit Empörung, die wahrscheinlich auf untergründigem Neid basiert. Er versucht alles, um jene Beziehungen zu verunglimpfen, sie als besonders »schmutzig« hinzustellen. Brecht fürchtete die zerstörerische Macht dieser Verunglimpfungen. In einem Brief an Helene Weigel schreibt er: »Ich bin also in Le Lavandou und wohne im Hotel Provence, wo auch Weills wohnen. Hesse und Hauptmann wohnen in einer Privat-Pension, ich glaube nicht, daß es so ein Gerede geben kann.« Und aus einem Brief an Ruth Berlau stammt der traurige Satz, daß auch seine Bekannten in Amerika »nur darauf warten, mich als Don Juan zu entlarven«. Wenn er sie in Hollywood besuchte, ging er »nie durch die Tür ... sondern er ging um das Haus herum ... zur Fensterfront. Dort hatte ich eine kleine Leiter aufgestellt, so daß Brecht leicht durchs Fenster einsteigen konnte. Auf diese Weise vermied er, jemandem zu begegnen.« Daß er diese ans Groteske grenzende Vorsicht nicht etwa seiner Familie, sondern tatsächlich den Freunden und Bekannten gegenüber walten ließ, zeigt unter anderem auch der Fakt, daß Eisler nicht von ihm, sondern von der Weigel über Ruth Berlaus tragisch endende Niederkunft erfuhr.

Diese Diskretion, zu der auch gehörte, daß er sich mit seinen Freundinnen in der Öffentlichkeit, aber auch im Brief stets siezte, wird Brecht heute oft als kleinbürgerliches Versteckspiel ausgelegt.

Daß diese jede Provokation vermeidende Diskretion jedoch wohl angebracht war, zeigt die große Verwirrung, die die kürzliche Veröffentlichung seiner bislang unpublizierten Liebesgedichte und Gedichte über die Liebe bei einem nicht unbeträchtlichen Teil der Leserschaft und sogar in der Presse angerichtet hat, worauf wir später noch zurückkommen. Oft erscheint mir jedoch auch der feministische Zorn auf Brecht als bloße Entsprechung zum kleinbürgerlichen Neid, dem seine polygame Lebensweise ausgesetzt ist. Dahinter steht nicht immer ein neues, freieres Bild vom Menschen, sondern oft auch nur ein puritanischer Zeigefinger. Der Extremfall eines »Beziehungskünstlers«, wie Brecht es war, kann dieses freiere Bild zwar auch nicht abgeben – es muß sich ja an den Möglichkeiten des Durchschnittsmenschen orientieren –, wohl aber dazu dienen, einige neue Haltungen modellhaft vorzuführen.

Ebenbürtigkeit und Autonomie der Liebenden: Brechts metaphorische Revolution

> »Jü sagte zu Me-ti: Die Anhänger der *Großen Ordnung* wollen die Liebe abschaffen. Me-ti sagte: Ich habe nichts davon gehört.
> Ich weiß nur, daß die Feinde der *Großen Ordnung* sie schon beinahe abgeschafft haben. Wo es dies noch gibt, stürzt die *Große Unordnung* die Liebenden in die furchtbarsten Schwierigkeiten, sie ruiniert sie.«

Die wesentlichste Botschaft, die Brechts Liebeslyrik vermittelt, ist die notwendige Ebenbürtigkeit der Liebenden. Verfremdet durch vielerlei Metaphorik, leitet sich das Problem der Ebenbürtigkeit in erster Linie aus der sozialen Problematik ab.

> Der Wolf ist zum Huhn gekommen
> Hat gesagt: wir müssen uns kennenlernen
> Kennen lernen, schätzen lernen.
> Das Huhn hat's gut aufgenommen
> Das Huhn ist mit dem Wolf gekommen:
> Das ist, weil da Federn im Feld sind.
> Oh, oh.
>
> ...

Der Herr ist zur Magd gekommen
Hat gesagt: wir müssen uns kennenlernen
Kennen lernen, schätzen lernen.
Die Magd hat's gut aufgenommen
Die Magd ist mit dem Herrn gekommen:
Das ist, weil das Mieder so eng ist.
Oh, oh.

Dieses von Therese Giehse meisterhaft interpretierte Lied stammt aus der Zeit in Finnland, es war in der Urfassung des *Puntila* enthalten. Einer von Brechts schönsten poetischen Würfen zu derselben Thematik ist die *Ballade vom Förster und der Gräfin*, deren Melodie der alten schottischen Ballade vom Piraten Henry Martin entlehnt ist (welche wiederum durch die Interpretation von Joan Baez bekannt wurde). Die Ballade vom *Förster und der Gräfin* gelangte erst in die Berliner Endfassung vom *Puntila*:

Es lebt' eine Gräfin in schwedischem Land
Die war ja so schön und so bleich.
»Herr Förster, Herr Förster, mein Strumpfband ist los
Es ist los, es ist los!
Förster, knie nieder und bind es mir gleich!«

»Frau Gräfin, Frau Gräfin, seht so mich nicht an
Ich diene Euch ja für mein Brot.
Eure Brüste sind weiß, doch das Handbeil ist kalt
Es ist kalt, es ist kalt!
Süß ist die Liebe, doch bitter der Tod.«

Der Förster, er floh in der selbigen Nacht.
Er ritt bis hinab zu der See.
»Herr Schiffer, Herr Schiffer, nimm mich auf in dein
Boot
In dein Boot, in dein Boot
Schiffer, ich muß bis ans Ende der See.«

Es war eine Lieb zwischen Füchsin und Hahn
»Oh, Goldener, liebst du mich auch?«
Und fein war der Abend, doch dann kam die Früh
Kam die Früh, kam die Früh:
All seine Federn, sie hängen im Strauch.

Fast noch als Kind hatte ich die *Ballade vom Förster und der Gräfin* kennengelernt. Die distanzierende Ruhe, mit der Gisela May sie vortrug, beunruhigte mich zutiefst. Jene entsetzlichen Strafen, die den Förster nach einem Liebesabenteuer erwarteten, zu dem die taufrische nördliche Waldwelt so natürlich einzuladen schien, waren mir irgendwie unverständlich. Wieso drohten da plötzlich »Handbeil« oder Flucht »bis ans Ende der See«? Die letzte Strophe schien die Antwort zu geben: Füchsin und Hahn hatten sich umarmt, zwei zu verschiedene Wesen!

Daß Brecht hier vor allem die Unmöglichkeit der Liebe zwischen Angehörigen verschiedener sozialer Schichten gemeint hatte, entging mir noch. Daß die Ballade jedoch in der Tat über ihren politischen Sinn hinaus interpretiert werden kann – auf die Unverträglichkeit von Charakteren nämlich –, das scheint mir auch heute noch so. Und zwar nicht zuletzt, weil sie mir damals nach langem moralischem Schwanken den Mut gegeben hat, mich von meinem ersten Freund zu trennen, mit dem mich zwar eine wertvolle und aufrichtige Freundschaft verband, aber doch kein wirklicher charakterlicher, weltanschaulicher und physischer Gleichklang. Wie Schuppen fiel es mir eines Tages von den Augen, daß er Hahn und ich Füchsin war und daß die Fortsetzung unserer Beziehung zu nichts anderem führen könne, als daß eines Morgens »all seine Federn im Strauch« hängen würden. Ein Beispiel für die seltsame Macht der Dichtung, für ihre hervorragende Eigenschaft, in verschiedenen Kontexten wirksam zu werden.

Wie wichtig, ja unverzichtbar Brecht diese Ebenbürtigkeit zwischen den Liebenden nahm, zeigt eines der Gedichte, die er nach dem Tode von Margarete Steffin geschrieben hat:

...

Mein General ist gefallen
Mein Soldat ist gefallen

Mein Schüler ist weggegangen
Mein Lehrer ist weggegangen

Mein Pfleger ist weg
Mein Pflegling ist weg.

...

Selten ist wohl in einem Liebesgedicht auf so tiefe Weise die Dialektik von Stärke und Schwäche – die sich die Partner gegenseitig schenken – ausgedrückt worden. In Brechts Liebeslyrik der Reifezeit finden sich noch weitere eindrucksvolle Hinweise für sein tiefes Bedürfnis nach charakterlicher, bildungsmäßiger und politischer Ebenbürtigkeit der Partner. Seine Gefährtinnen entstammten seiner eigenen Altersgruppe – ein Zeichen dafür, daß ihm auch der gemeinsame historische Erlebnishorizont wichtig war. Nur in der letzten, der Berliner Zeit nach der Emigration, hatte Brecht auch wesentlich jüngere Freundinnen. Das führte zu einer besonderen, später zu behandelnden Problematik in der Liebesdichtung, die die hier aufgestellten Behauptungen indes nicht einschränkt, sondern eher unterstreicht.

Ebenbürtigkeit und Gleichklang zwischen den Liebenden sind wesentlicher als die Dauer der Beziehung – entspringt doch gerade letztere häufig nur der Konvention oder sozialer Abhängigkeit. Die innige Zusammengehörigkeit der Liebenden enthält dagegen ein Element der Freiheit, ihr Verhältnis ist nicht possessiv: »Der Mensch besitzt nicht den Menschen.« Mit dem Dialog zwischen Jenny und Paul im Stück *Mahagonny* hat Brecht diesen seinen Überzeugungen einen besonders schönen poetischen Ausdruck verliehen:

Jenny: Sieh jene Kraniche in großem Bogen!
Paul: Die Wolken, welche ihnen beigegeben
Jenny: Zogen mit ihnen schon, als sie entflogen
Paul: Aus einem Leben in ein andres Leben.
Jenny: In gleicher Höhe und mit gleicher Eile
Beide: Scheinen sie alle beide nur daneben.
Jenny: Daß so der Kranich mit der Wolke teile
  Den schönen Himmel, den sie kurz befliegen
Paul: Daß also keines länger hier verweile
Jenny: Und keines andres sehe als das Wiegen
  Des andern in dem Wind, den beide spüren
  Die jetzt im Fluge beieinander liegen
Paul: So mag der Wind sie in das Nichts entführen
  Wenn sie nur nicht vergehen und sich bleiben
Jenny: Solange kann sie beide nichts berühren
Paul: Solange kann man sie von jedem Ort vertreiben
  Wo Regen drohen oder Schüsse schallen
Jenny: So unter Sonn und Monds wenig verschiedenen Scheiben
  Fliegen sie hin, einander ganz verfallen.
Paul: Wohin ihr?
Jenny: Nirgend hin
Paul: Von wem entfernt?
Jenny: Von allen
Paul: Ihr fragt, wie lange sind sie schon beisammen?
Jenny: Seit kurzem
Paul: Und wann werden sie sich trennen?
Jenny: Bald.
Beide: So scheint die Liebe Liebenden ein Halt.

Daß die Dauerhaftigkeit einer Liebesbeziehung nicht ihr erstes Kriterium ist, will jedoch nicht heißen, der Dichter hätte der Flüchtigkeit Tribut zollen wollen. Er selbst bietet ja, wie wir auch weiterhin sehen werden, ein außerordentliches Beispiel an Treue, wenn auch nicht im traditionell monogamen Sinne. Seine Beziehungen zu Frauen waren dauerhaft, viele lebenslänglich. Allem Anschein zum Trotz war er auch in der Lage, sich widerspenstigen Realitäten zu stellen. Seine menschliche Treue blieb auch dann manifest, wenn Beziehungen weniger beglückend, schwierig geworden waren. Hier ein Gedicht von 1944, das von einer beinahe »weiblichen« Haltung der Disziplinierung der Gefühle zeugt:

Auch das Beschädigte
Nimm es in Kauf
Dies nicht Bestätigte
Schnell, gib es auf!

Dulde den mindern
Liebreiz der Wang
Siehe der Hintern
Gleicht sich noch lang.

Der du's versiebt hast
Halt, was verblieb
Du, der geliebt hast
Nimm jetzt vorlieb!

Ein weiteres, die Liebeslyrik Brechts durchziehendes Grundmotiv ist der »Abstand«, die Distanz, in welcher die Liebenden zueinander (ich schreibe bewußt nicht: »voneinander«) stehen. Dieses Grundmotiv kommt nicht nur in der beinahe »objektivistisch« anmutenden Unterkühlung des Tonfalls zum Ausdruck, in dem Brecht oft auch die Themen in Dichtung umsetzte, die ihn persönlich tief berührten. Der »Abstand« hat nicht nur seinen Ausdruck in der Form, sondern ist als Grundforderung im Liebesideal selbst enthalten. Es erscheint schon beim jungen Brecht als ganz spontane persönliche Forderung, der er selbst noch keine rechte Definition hatte geben können, außer dem offensichtlich antiromantischen Sinn: Den Traum des magischen Verschmelzens der Liebenden hat Brecht nicht nur nie geträumt, sondern immer als Angriff auf die Integrität der eigenen Person, aber auch auf die der Geliebten abgelehnt. Sie sollte »autonom«, das heißt »der andere« bleiben. Der Abstand, die gegenseitige Autonomie, wird gebraucht, um mit der Umwelt in produktiven Kontakt treten zu können. Mit der Zeit gewinnt der Abstand an Kontur, läßt sich aber offensichtlich niemals leicht verwirklichen und aufrechterhalten: »... Ich habe dich oft angehalten, nicht zu mir zu sagen: ich liebe dich, sondern: ich bin gern mit dir zusammen; nicht: verlaß dich auf mich, sondern: rechne in bestimmten Grenzen mit mir; nicht: für mich gibt es nichts als dich, sondern: es ist angenehm, daß es dich gibt.«

In einer Epoche, in der die ökonomische und moralische Abhängigkeit der Frau vom Manne noch nicht überwunden ist, kann die Forderung eines solchen »Abstands« in den Beziehungen tatsächlich als Unmoral erscheinen, als simple Fortsetzung jener losen Lebenshaltung, die die Männer jahrtausendelang im Geschlechtsleben für sich in Anspruch genommen haben. Verläßlichkeit, Treue, bedingungslose Liebe – das waren Eigenschaften, die in erster Linie den Frauen abverlangt wurden. Das Problem, das uns Brechts Konzeption des »Abstands« aufgibt, kann seine Lösung nur finden, wenn wir uns die Frage stellen, ob wir Frauen – sobald die soziale Abhängigkeit vom Manne nicht mehr besteht – den Abstand nicht auch gebrauchen?

Mir ist eine weibliche Interpretation eines Gedichts von Brecht aufgefallen, deren Wertungskriterien in der Positivität der Autonomie der Liebenden bestehen. Hella Sachs betont, daß gerade erst in der Unabhängigkeit der Partner die fortgesetzte Anziehung möglich wird. Es handelt sich um ein Gedicht, das mir auch schon immer sehr gefallen hatte, weil es zudem noch die erotische Kraft einer älteren Frau zum Inhalt hat. Da es ohne Dialektik bei Brecht jedoch nicht abgeht, heißt das Sonett von 1926

Entdeckung an einer jungen Frau

Des Morgens nüchterner Abschied, eine Frau
Kühl zwischen Tür und Angel, kühl besehn.
Da sah ich: eine Strähn in ihrem Haar war grau
Ich konnt mich nicht entschließen mehr zu gehn.

Stumm nahm ich ihre Brust, und als sie fragte
Warum ich Nachtgast nach Verlauf der Nacht
Nicht gehen wolle, denn so war's gedacht
Sah ich sie unumwunden an und sagte:

Ist's nur noch eine Nacht, will ich noch bleiben
Doch nütze deine Zeit; das ist das Schlimme
Daß du so zwischen Tür und Angel stehst.

Und laß uns die Gespräche rascher treiben
Denn wir vergaßen ganz, daß du vergehst.
Und es verschlug Begierde mir die Stimme.

Hella Sachs bezeichnet als wesentliche Aussage des Gedichts das »betonte Freisein der beiden Partner voneinander«. Auf der Basis der gegenseitigen Unabhängigkeit, die durch den Altersunterschied noch deutlich verstärkt wird, ist es zum Treffen gekommen, und gerade diese Unabhängigkeit wird zum Quell neuen Begehrens. Der andere Mensch ist ein anderer Planet, den es nicht zu »erobern«, sondern zu »entdecken« gilt. Hella Sachs meint: »Das Ja zur Vergänglichkeit ist das Ja zum Leben.«

In eine überraschende, in ganz ähnliche Richtung weist die Interpretation einer Keunergeschichte durch die Theologin Dorothee Sölle. »›Was tun Sie‹, wurde Herr K. gefragt, ›wenn Sie einen Menschen lieben?‹ – ›Ich mache einen Entwurf von ihm‹, sagte Herr K., ›und sorge, daß er ihm ähnlich wird.‹ – ›Wer? Der Entwurf?‹ – ›Nein‹, sagte Herr K., ›der Mensch.‹«

Wie könne Herr K. denn sagen, meint Dorothee Sölle, »daß der andere Mensch seinem Entwurf ähnlich wird, ohne ihn selbst und seine Freiheit zu zerstören«? Heißt das aber, daß überhaupt keine Erwartungen mehr an den Partner herangetragen, keine Hoffnungen mehr in die Liebe gesetzt werden dürfen? Entspräche das nicht »genau jener spätbürgerlichen Ideologie, die da sagt: seid nett zueinander, weniger Vorurteile, laßt euch in Ruhe, stellt keine Ansprüche!«? Dorothee Sölle liest aus der Keunergeschichte etwas anderes heraus: »... eine Bereitschaft, auf den eigenen Entwurf zu verzichten, ohne zu resignieren.« Ihrer Meinung nach gehört einerseits »Mut zum Lieben, der den anderen festlegt, Risiko, das ihn behaftet, Kritik, die immer Maßstäbe braucht«, jedoch zugleich auch »Vertrauen, das alle Maßstäbe fahrenlassen kann und nicht auf sein eigenes beflissenes Sorgen angewiesen ist«.

Das Problem der gegenseitigen Gewährung von Abstand und Autonomie ist ein zutiefst dialektisches Phänomen: Gerade die Gewährung solcher Freiheit wirkt oft bindend. Ein Teil der Gefährtinnen Brechts hat unter dem »Abstand« gelitten, am meisten wohl Ruth Berlau. Es gelang ihr weder, Liebes- und Arbeitsbeziehungen ohne den traditionellen Absolutheitsanspruch zu akzeptieren, noch die charakterliche Autonomie zu erwerben, um mit Brecht zu brechen. Leicht ist dieser Drahtseilakt freilich keiner Frau gefallen, zumal Brecht dieselben Freiheiten, die er für sich in Anspruch nahm, nicht ohne weiteres zuzugestehen bereit war – in dieser Hinsicht war er ein ziemlich traditioneller Mann. Man mußte sich seine Freiheit schon »nehmen«, was sicher für die Frauen auch schwieriger war als für ihn selbst. Eine neue Rolle in den Partnerbeziehungen zu spielen, stellt für die Frau schließlich eine historische Eroberung dar. Dafür war Mut und viel moderner Instinkt erforderlich. Helene Weigel hat den »Abstand« klug respektiert – womit sie Brecht das ganze Leben gebunden hat. Ist es nicht gerade die totale gegenseitige Vereinnahmung – in der sich viele Liebende, besonders Frauen, zunächst freiwillig und mit Freude üben –, die ihrer Liebe dann über kurz oder lang den Atem nimmt? Braucht nicht auch die Persönlichkeit der Frau Raum, Zeit und eine Fülle von »Weltkontakten«, um sich entfalten zu können? Ist nicht der »Abstand« geradezu oft die Bedingung, auf der sich Ebenbürtigkeit und Gleichklang erst entwickeln können?

Brecht war sich bewußt, in einer Epoche des Übergangs, der wachsenden Möglichkeiten zur Gleichheit der Geschlechter zu leben. Er suchte Frauen, die die traditionelle Form der »Nähe« nicht mehr brauchten: »Gekonnt ist gut, doch allzu schlimm: gemußt.«

Eine Mitstreiterin Brechts hat nach dieser Devise konsequent gelebt, wozu freilich auch gehörte, sich den Meister selbst vom Leibe zu halten: Therese Giehse. Eine starke Natur, war sie ganz wie er für »Distanz in den nahen Beziehungen«. Sie mochte »keine Menschen, die sich auf andere werfen«, und folglich war sie selbst auch frei von Besitzansprüchen und Eifersucht. Sprach man sie auf ihr erotisches Leben an, behauptete auch sie stets: »Ich hab nix zum Sagen.« Monika Sperr, eine Interviewerin, die doch einmal darauf bestand, der Giehse irgendein erotisches Detail aus ihrem Leben zu entlocken, bekam schließlich folgendes zu hören: »Vorher geben Sie ja doch keine Ruh. – Sie wissen, Brecht hatte diese flache Mütze, die ›Brecht-Mütze‹, die konnt' er wunderbar vorziehen über die Augen und niemand sah's dann, wenn er schlief. Das war für ihn sehr angenehm, aber ich hatte eine solche Mütze ja nicht. Ich hab' mich schon recht geärgert, wenn er auf den langweiligen Proben so wunderbar friedlich vor sich hingeschlummert hat und ich nicht wußt, wie ich's anstellen sollt, daß ich auch unbemerkt zum Schlafen komm. Manchmal gelang's. Nach der Generalprobe von *Tasso* in Zürich hat der Brecht der Helli eine Karte geschrieben: ›Habe heute in der Generalprobe von *Tasso* mit Therese geschlafen.‹«

Der Wunsch nach Ebenbürtigkeit und Abstand in den Beziehungen bedingt auch eine Revolution in der lyrischen Sprache, die vielleicht nur den Nicht-Dialektiker überraschen wird.

Der wesentlichste Makel traditioneller Liebeslyrik war ihre entpersonalisierende Metaphorik gewesen. Hier handelt es sich um ein besonders interessantes Kunstelement, weil es direkt aus der patriarchalischen Struktur der Gesellschaft resultiert und nicht nur tiefgreifende inhaltliche, sondern auch formale Konsequenzen hatte.

Die patriarchalische Gesellschaft zwängt die weibliche Existenz in nur zwei Grundmuster: die »gute Mutter« (Gebärmaschine/Arbeitstier) oder die »tolle Hure« (Lustobjekt). Ihr fehlte weitgehend die Möglichkeit, individuelle Züge anzunehmen: Der Weltkontakt ist reduziert, im Extremfall ganz unterbunden. Obwohl die Frau auch in dieser Situation produktiv ist, das heißt Arbeit im Sinne der gesellschaftlichen Reproduktion verrichtet, führt diese nicht zur Entwicklung von wirklich differenzierten und integralen Persönlichkeiten. Die Unterschiede, die zwischen den Frauen noch bestehen, sind vor allem physischer Natur: Temperamentsunterschiede, Unterschiede im Erreichen des Schönheitsideals und vor allem Altersunterschiede. Und während die Dichtung die Taten großer Männer als Früchte außerordentlicher Individualität feierte, wandte sie sich, was Frauen betraf, vor allem dem physischen, dem sexuellen Elemente zu.

In der Tat war das wiederum ein Gebiet, auf dem allein der Frau ein Minimum an Entscheidungsfreiheit verblieben war. Zwar konnte sie ihren Partner keinesfalls frei wählen, aber sie konnte ihre Zweifel oder ihre Ablehnung durch eine mehr oder weniger subtile Passivität oder Unfreundlichkeit ausdrücken. Und dies scheint mir der einzige Grund zu sein, weshalb die männliche Poesie selbst in den Zeiten des düstersten Patriarchats leidenschaftlich um die erotische Gunst der Frauen gerungen hat.

Da sich die Geliebte indes nicht als vielschichtige Persönlichkeit definieren ließ und die Liebespoesie vor allem in der Anbetungsphase entstand, in der man sich eigentlich überhaupt nicht kannte, ergab sich eine schwerwiegende Konsequenz. Die tatsächlichen Qualitäten der Geliebten waren unbekannt, im Grunde sogar inexistent. Sie war eigentlich nur ein Phantom. Und ihre vermeintlichen Vorzüge konnten nicht anders als mit der »Dingwelt«, mit den Luxusfetischen der Gesellschaft verglichen werden. Der daraus geschöpfte Metaphernschatz verblüfft durch seine Einförmigkeit, er ist entpersonalisierender noch als die reale Entpersonalisierung der Frau. Seine wesentlichen Elemente sind im ganzen eurasisch-maghrebinischen Raum ähnlich oder gar dieselben: Blumen, Perlen, schöne Tiere (»Gazellen«). Immer wieder Blumen.

Die Blumenmetapher trug – unbeabsichtigterweise – doch eine tiefe Wahrheit in sich: Frauen verblühten so schnell wie Blumen oder wurden gar zertreten, wie müde werdende Blumen.

Das Wesentliche an dieser entfremdeten und entfremdenden Metaphorik ist der so merkwürdig klar hervortretende »Widerspiegelungscharakter« der gesellschaftlichen Realität. Nicht nur, daß die Frau an sich keine Persönlichkeit entwickeln konnte und sollte, die Liebenden kannten sich oft gar nicht persönlich. Und beides konnte in der Dichtung zu nichts anderem führen als zu jener stereotypen Metaphorik. Und wenn es dann endlich doch zum Kennenlernen der Liebenden kam, ging es meist über den physischen Kontakt nicht hinaus. Darin liegt das Maximum der in der patriarchalischen Gesellschaft möglichen erotischen Freiheit, was in der Dichtung zur Hypertrophierung der physischen Reize der Frauen führte.

Wie tief die Blumenmetapher kulturell verwurzelt, das heißt auch kulturell begründet war, zeigt zum Beispiel auch die Tatsache, daß selbst Heinrich Heine sie mit großer Sorglosigkeit immer wieder nutzte. Eine Ausnahme bildet jedoch Goethe. Es ehrt ihn in meinen Augen, daß er die Blumenmetapher nur in kritischer Umwertung gebrauchte, das heißt in Zusammenhängen, in denen die gesellschaftliche Fragilität der Frau konstatiert oder betrauert wird – dafür ist nicht allein das *Heidenröslein* Beispiel.

Auch heute sind wir dem Zauberkreis dieser uralten, die Frau im Grunde entpersonalisierenden Metaphorik noch nicht entronnen. Die Vorteile, die diese für die Liebesdichtung hat, sind auch wiederum bezeichnend: Eben weil keine wirklichen Individuen besungen werden, sind die Adressatinnen dieser Gedichte beliebig auswechselbar. Sie können von poetisch weniger versierten Liebhabern benutzt und jedweder Herzensdame zugesandt werden – ein beliebtes Gesellschaftsspiel, das sich bis in unsere Tage erhalten hat. Sie erfüllen scheinbar immer noch erotisierende Funktion: Frauen fühlen sich geehrt und begehrt, wenn man sie zu Rosen oder Perlen erklärt.

Diese Formen der patriarchalischen Metaphorik sind

bis heute im Schwange, sogar in Kreisen, die sich für fortschrittlich und emanzipiert halten. Freilich ist man nicht unbedingt an den etwas abgetakelten traditionellen Metaphernschatz gebunden, an die Rosen und Perlen. Das Prinzip jedoch bleibt dasselbe. So hat mich immer die Popularität des Gedichts *Elsas Augen* von Louis Aragon erstaunt, in dem der Dichter zum Ruhm seiner Frau – der Schriftstellerin Elsa Triolet – ein ganzes Universum heraufbeschwört, das absolut nichts über sie aussagt, geschweige denn sie charakterisiert. Zu guter Letzt müssen ganze Länder herhalten, um das – trotz langen Zusammenlebens – offenbar erhalten gebliebene »Geheimnis« Elsas zu umschreiben:

> Deine Augen sind mein Peru, meine Gioconda, mein
> Indien!

Anhand von Gedichten Brechts aus der Reifezeit werde ich versuchen zu zeigen, daß er gerade diese Formen entfremdender und entpersonalisierender Metaphorik gemieden hat. Der Grund kann nur darin liegen, daß er auch als Mensch keine Rosen oder Perlen gesucht hat. Im Gegenteil: Er versuchte die Geliebte mit Klarheit zu sehen. Ihrer Persönlichkeit trug er in seiner Dichtung auf zweierlei Weise Rechnung: zum Teil durch eine völlig entmetaphorisierte Sprache und zum anderen durch eine neue Form von Metaphorik. Diese versucht nicht, die Geliebte durch eine veredelnde Verdinglichung oder exotisierende Phantasie zu preisen. Die Metapher muß präzise sein, ein echtes, der Persönlichkeit der Frau logisch entsprechendes Bild. Erwartung, Schmerz, Freude kommen zum Ausdruck – das Preisen fällt jedoch weg. Das Preisen, Ehren, Übertreiben entsprach einer gesellschaftlichen Situation, in der sich die Liebenden kaum oder gar nicht kannten. Nun kennt man sich von Grund auf. Auch in der Liebesdichtung macht man sich nichts mehr vor.

Die Gedichte, die Brecht für Helene Weigel geschrieben hat, sind Beispiele für den ersten Typ: Es sind fast Klartexte, beinahe frei von Bildern. Einen metaphorischen Anklang gewinnen sie manchmal durch die Identifizierung der Weigel mit den Theaterrollen, die sie spielte.

Die »chinesischen« Texte für Ruth Berlau sind vom zweiten Typ: Es handelt sich um die Konstruktion metaphorischer Parallelen realer Situationen. Natürlich bekommt die Metapher zuweilen größeres Eigengewicht, greift über die Wirklichkeit des realen Geschehens hinaus und will doch einmal Philosophie werden. Die zur Anwendung kommende Metaphorik ist von diesem Ziel geprägt, hat keine im traditionellen Sinne entfremdenden Aspekte.

Warum dann überhaupt Metaphorik? könnte man fragen. Warum nicht gleich ganz und gar Klartext? Zweifellos handelt es sich bei der metaphorischen Technik Brechts in der Lyrik um dasselbe Prinzip der Verfremdung wie in seiner Dramatik (freilich verwendet man den »Verfremdungseffekt« auf der Bühne nicht allein im metaphorischen Bereich). Verfremdung kann dann eingesetzt werden, wenn besondere Aufmerksamkeit auf einen Vorgang gelenkt werden soll: Die ihm parallele, präzise Metapher soll ihn interessanter machen, nicht aber die Gewichtigkeit seiner Elemente verändern.

Auch in der Liebeslyrik: Verfremdung statt Entfremdung. Nur aus tiefer gegenseitiger Kenntnis heraus konnte eine so aufs Individuelle gerichtete Poesie überhaupt erst entstehen, wie es die Liebeslyrik aus Brechts Reifezeit ist. Der liebende Schreiber bemüht sich, seine Liebe in einer echten Charakterisierung der Geliebten auszudrücken. Wankt nun unser Normen- und Sittengebäude, wenn uns auffällt, daß der Durchbruch zum Individuellen in der Liebeslyrik gerade einem notorisch polygamen Dichter gelang? Zufall oder Dialektik?

Die Schauspielerin

1929, fast fünf Jahre nach der Geburt des ersten gemeinsamen Kindes, heiratete Brecht Helene Weigel (»Helletier«). Der Anekdotenschatz berichtet, daß Brecht am Tage der Eheschließung die ihm damals ebenfalls sehr liebe Schauspielerin Carola Neher mit einem Blumenstrauß am Bahnhof erwartete. Die Neher warf den Strauß empört zur Erde, worauf die beiden eine Weile wortlos nebeneinander dahertrotteten. Schließlich fragte Brecht, was sie eigentlich habe. »Immerhin hast du heute geheiratet!« erwiderte sie, worauf Brecht mit einem erstaunten »Na und?« geantwortet haben soll.

Die glückliche Wahl, die Brecht bei seiner zweiten und letzten Verheiratung getroffen hat, drückt sich in dieser Anekdote insofern mit aus, als daß eine ähnliche Reaktion wie bei der Neher von der Weigel selbst undenkbar ist. Ihre lebenslange Toleranz Brechts polygamer Lebensweise gegenüber könnte als Resignation ausgelegt werden, wüßten wir nicht bereits, daß sie sie schon in der ersten Zeit des Zusammenlebens mit Brecht hat walten lassen. Das deutet also eher auf eine außerordentliche Lebensweisheit, auf eine wirklich unromantische Konzeption vom Menschen und von menschlichen Beziehungen.

Frühe Briefe Brechts an die bereits mit glänzendem Erfolg in Berlin auftretende Helene Weigel offenbaren ungeduldiges Begehren: »Wann hast Du wieder Zeit??? ... Ich bin Ihnen fortdauernd reichlich gewogen, Madamme.« Oder auch Humor: »Ich bin Ihnen immer noch leidlich gewogen sowie Ihrem geheimnisvollen Inhalt« (1924). Dieser »geheimnisvolle Inhalt« der Helene Weigel war sicher nicht allein ihre Schwangerschaft mit Brechts drittem Kind Stephan, sondern wohl auch ihre ungewöhnliche Charakterstärke. Ihr konnte er zumuten, aus dem gemeinsamen Urlaub mit der ersten Ehefrau zu schreiben: »... ich bin in Capri mit Marianne, die sehr elend dran ist. Bitte schreib mir genau, was in Berlin los ist und wie es Dir geht! ... Ich freue mich sehr auf Berlin und die Spichernstraße. Sei *nicht* blöd, kein Grund!!!«

Die Ehe mit Helene Weigel hielt jedoch nicht nur, weil sie unkonventionell angelegt war, sondern vor allem auch auf Grund des gemeinsamen Engagements für die »Sache«. Helene Weigel stand der KPD schon eher nahe, als Brecht selbst. Beide Partner vollzogen die gleiche politische Entwicklung, und so kam es zu einer lebenslänglichen fruchtbaren Zusammenarbeit für ein neues, gesellschaftlich aktives Theater.

Selten ist es wohl einem Paar gelungen, das erotische Konfliktfeld so weise einzugrenzen. Marieluise Fleißer berichtet in ihrer Erzählung *Avantgarde*, wie die Weigel es schaffte, Brecht definitiv an sich zu binden: indem sie ihm die Freizügigkeit gewährte, ohne die er nicht leben und arbeiten konnte. Dazu gehörte über lange Jahre die Aufrechterhaltung getrennter Wohnungen, wobei noch betont werden muß, daß die Weigel ihm einmal sogar ihre Wohnung überließ, weil sie ihm zum Arbeiten geeigneter schien als seine eigene. Doch hören wir die Fleißer: »Der Dichter nahm sein Essen bei der Polly (Synonym für die Weigel – S. K.), das war seine neue Gewohnheit. Oft war es die einzige Gelegenheit, daß sie ihn sah.« Die Weigel akzeptierte nicht nur Brechts Freundschaften mit anderen Frauen, sie schloß unter Umständen selbst Freundschaft mit ihnen: »Mitunter kam auch die Cilly (die Fleißer bzw. Hauptmann) zum Essen ... Die Cilly ging oft zu ihr hinauf, durfte baden in ihrer Wanne, die Polly hatte ein Bad ... Als Kleiderschrank hatte sie in der Dachschräge eine eigene Kammer, in die man hineinging, und man ging nur, wenn man ein Kleid brauchte, hinein. Manchmal suchte sie der Cilly was aus und zog es ihr an ... Die Polly war schlau. Nur die Polly würde es schaffen. Die Cilly konnte ihr dafür nicht einmal neidig sein, was zum Umwerfen war.«

Die praktische Großmütigkeit der Weigel suchte also ihresgleichen. Und diese tolerante, ganz auf menschliche Solidarität gerichtete Großzügigkeit hat die Weigel im Zusammenleben mit Brecht durchgehalten. Spekulationen darüber, zu welchen Gelegenheiten sie da weniger perfekt war, scheinen mir angesichts der Überfülle an erstaunlichen Toleranzbelegen nicht angebracht. Konflikte, an denen es zwischen ihr und Brecht nicht gefehlt hat, konnten vernünftig gelöst werden. Aus dem Jahre 1932 stammt ein Brief Brechts, aus dem das Ringen des Paares um eine »distanzierte« und zugleich doch engbleibende Form der Beziehung deutlich wird: »Ich weiß von mir, daß ich Dir immer nahe stehe darin, auch über Verstimmungen hinweg, auch während derselben. Wenn es nicht so scheint, vergiß nicht, ich lebe gerade (und meistens) in schwieriger Arbeit und schon dadurch ohne rechte Möglichkeit, mimisch usw. mich auszudrücken und fürchte Privatkonflikte, Szenen usw., die mich sehr erschöpfen. Nicht aber lebe ich ausschweifend. Davon ist keine Rede.«

Das Respektable der das Konfliktfeld eingrenzenden Übereinkünfte zwischen Brecht und Weigel scheint mir darin zu liegen, daß sie nicht auf Kosten der gegenseitigen Zuneigung und Hilfsbereitschaft erreicht wurden. Im Gegenteil, die Verbindung war zeitlebens für beide Teile fruchtbar. Dadurch blieb eine persönliche Herzlichkeit möglich, die sicher Liebe genannt werden muß.

Wie groß die Unabhängigkeit – sagen wir ruhig die Emanzipation – der Weigel war, wird auch dadurch beleuchtet, daß sie sich eine Ehre daraus machte, solange es ihr Beruf und ihr kleines Vermögen irgend erlaubten, mit ihren Kindern in finanzieller Unabhängigkeit von Brecht zu leben, was bis 1935 möglich war. Sie stützte damit ganz bewußt, wie Ruth Berlau erzählt, die »ökonomische Freiheit« Brechts, »zu schreiben, was er für richtig hielt«. Sie stellte damit aber zugleich auch ihre eigene Souveränität her, die größte Freiheit, die sich eine Frau in der Beziehung zu ihrem Partner schaffen kann.

Sie selbst berichtet, daß Brecht »am Anfang nicht viel von mir als Schauspielerin gehalten hat«. Erst etwa 1931/32, fast zehn Jahre nachdem sie sich kennengelernt hatten, machte sie den entscheidenden Sprung vom Charakterfach ins Mütterfach, was sowohl für sie selbst als auch für Brecht eine »Überraschung« gewesen sei. Und obwohl der Weigel auch eine glänzende Karriere im bürgerlichen Theaterbetrieb sicher war, orientierte sie ihr Talent immer mehr auf die Arbeiterbühne und das direkt in die politische Auseinandersetzung eingreifende proletarisch-revolutionäre Agitprop-Theater hin. Hanns Eisler berichtet, daß kein Theater zu groß und keine Arbeiterkneipe zu klein waren für die berühmten Auftritte der Weigel mit ihren *Wiegenlieder einer Arbeitermutter*. Diese Art künstlerischen Engagements brachten der Schauspielerin politische Verhöre und ständige Überwachung durch die Polizei ein.

Aus einer in der dritten Person geschriebenen Tagebucheintragung Brechts stammen folgende Zeilen: »Brecht ist Arier ... Brechts Frau, die unter ihrem Mädchennamen Helene Weigel Schauspielerin am Staatstheater und bei Max Reinhardt war, ist dagegen Jüdin; was allein für Brecht ein Grund gewesen wäre, aus Deutschland zu emigrieren.« Die Ängste und Schwierigkeiten des Exils sollten die Beziehung zwischen der Weigel und Brecht eher noch verstärken. Die unsentimentale und praktische Art, mit der sie sich in die neue, unsichere Lebensweise fand – welche ja auch den endgültigen Verlust der künstlerischen Karriere bedeuten konnte –, veranlaßte Brecht, einen bewundernden poetischen Blick auf die Lebensgefährtin zu werfen, an dem der merkwürdig anmutende Versuch auffällt, als »objektiver« Beobachter zu fungieren. Das erlaubt ihm hier zum erstenmal die in den späteren Gedichten immer wiederkehrende Identifizierung der Persönlichkeit der Weigel mit den mütterlichen Heldenrollen, die sie spielte:

Die Schauspielerin

Aber die Gleiche und Wandelbare
War nicht enttäuscht, als der Boden plötzlich ein
anderer war.
Spielte der Wind ihren Feind und griff ihr roh in die
Haare
Sagte sie nur: Das ist vieler Mitmenschen Haar.

Das ist die Wlassowa, die ihr vertrieben
Hocken blieb Arthurs Mutter mit roten Strümpfen.
Auch dem Oedipus gab sie schon Kunde, daß wenig
geblieben
Singend wusch auch die Witwe das Linnen rein in den
Sümpfen.

Also wußte ich alles und zeigte ich alles beizeiten
Und ich schrie es hinaus, was ihr mit uns treibt
Und ich zeig es dem Hunger, dem Frost und dem Leiden
Was sie da machen müssen, daß ihr nicht bleibt.

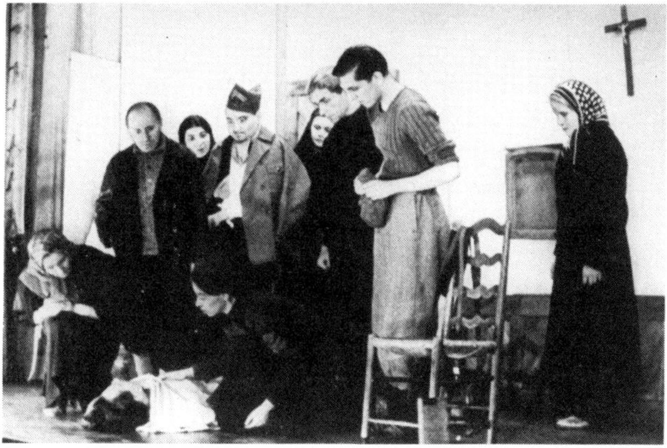

Helene Weigel in »Die Gewehre der Frau Carrar«, Paris 1937

Ein Blick auf die Gedichte für die Weigel – aber nicht allein für diese – führen die These endgültig ad absurdum, daß Brecht die Frau entpersonalisiere. Im Gegenteil, es kommt zu einer neuen Form der Individualisierung: durch die Beschreibung ihrer gesellschaftlichen Funktion in der Welt. Diese Art des Liebesgedichts ist unaustauschbar, was nicht heißen soll, daß es beim Leser keinen Genuß hervorrufen kann. Dieser entsteht durch den Nachvollzug der Wertschätzung, die hier zwischen Mann und Frau zum Ausdruck kommt.

Die Identifizierung der Weigel mit ihrer Rolle finden wir auch in folgendem Gedicht. Diesmal handelt es sich um ihre Vorbereitung zur Darstellung der Frau Carrar. Brecht hatte übrigens schon in den zwanziger Jahren einen kleinen Film über das Schminken der Weigel gedreht, um dann auf den einzelnen Bildern ihre Ausdruckstechnik zu studieren.

Die Schauspielerin im Exil

Jetzt schminkt sie sich. In der weißen Zelle
Sitzt sie gebückt auf dem ärmlichen Hocker
Mit leichten Gebärden
Trägt sie vor dem Spiegel die Schminke auf.
Sorgsam entfernt sie von ihrem Gesicht
Jegliche Besonderheit: die leiseste Empfindung
Wird es verändern. Mitunter
Läßt sie die schmächtigen und edlen Schultern
Nach vorn fallen, wie die es tun, die
Hart arbeiten. Sie trägt schon die grobe Bluse
Mit den Flicken am Ärmel. Die Bastschuhe
Stehen noch auf dem Schminktisch.
Wenn sie fertig ist
Fragt sie eifrig, ob die Trommel schon gekommen ist
Auf der der Geschützdonner gemacht wird
Und ob das große Netz
Schon hängt. Dann steht sie auf, kleine Gestalt
Große Kämpferin
In die Bastschuhe zu treten und darzustellen
Den Kampf der andalusischen Fischersfrau
Gegen die Generäle.

»Gefragt, wie sie es anstelle, die Unterdrückten, die sich im Kampf erheben, so edel darzustellen, antwortete sie: ›Durch genaue Nachahmung.‹« Es gelang ihr einerseits, klassenspezifische Haltungen von Müttern zu verdeutlichen, zum anderen aber auch viele Züge herauszuarbeiten, die Mütter in allen Gesellschaftsformationen und -klassen charakterisieren: »... eine Frau lebt davon, daß sie etwas zusammenhalten muß, zum Beispiel ihre Familie. Es gibt sogar große Ähnlichkeiten zwischen so verschiedenen Figuren wie der Flinz (Arbeitermutter aus einem Stück von Helmut Baierl – S. K.) und der Volumnia

(Mutter des Coriolan – S. K.). Sie sind sich in einem gleich: Erhaltung der Familie auf Biegen und Brechen ...« Ungewöhnlich präzis waren auch die Erkenntnisse, die die Weigel aus der Physiologie filterte, um sie auf der Bühne gestisch umzusetzen: »Eine Frau spürt den Schmerz viel stärker in ihrem Unterleib. Einen Schock auch.« Und daraus entwickelte sie die Geste des Zusammenknickens in der Hüfte.

Die große Originalität ihrer Darstellungskraft basierte auf der Kombination des historisch-materialistischen und des klassenübergreifend menschlichen Elements (zumeist sieht man nur eines von beiden auf der Bühne) und auf einer großartigen Überführung des rationalen Studiums der Rolle ins Sinnlich-Gestische. Mit diesen Eigenschaften wurde die Weigel zum Prototyp des von Brecht angestrebten neuen Schauspielers. Da war vor allem auch die Praxis des Verfremdungseffekts, der – ohne die Sinnlichkeit zu reduzieren – die Rationalität auf der Bühne doppeln sollte: einmal die nach den oben genannten Kriterien ausgearbeitete, dem Schauspieler in Fleisch und Blut eingegangene Gestik und zum anderen sein neben der Darstellung deutlich werdendes Nachdenken:

Abwesender Geist

So ist mein Geist abwesend, was ich zu machen habe
Mache ich auswendig, mein Verstand
Geht ordnend dazwischen herum.

Diesen von der Weigel zur Vollkommenheit entwickelten Verfremdungseffekt beschreibt Brecht in einem anderen Gedicht über ihre Darstellung der Carrar:

Beschreibung des Spiels der H. W.

Wiewohl sie alles zeigte
Was nötig war, eine Fischersfrau
Zu verstehen, verwandelte sie sich doch nicht restlos
In diese Fischersfrau, sondern spielte
So, als sei sie außerdem noch beschäftigt mit
  Nachdenken
Gleichsam, als fragte sie stets: wie war es doch?
Wenngleich man nicht immer
Ihre eigenen Gedanken über die Fischersfrau
Erraten konnte, so zeigte sie doch
Daß sie solche dachte, und lud so ein
Solche zu denken.

Als Schauspielerin aufzutreten war Helene Weigel im Exil nur selten möglich. Ihr tägliches Leben sah sie darauf reduziert, den Haushalt zu führen, die Kinder zu erziehen (»mit 120 Dollar ließen sich im Exil keine Sprünge machen«) und dafür zu sorgen, daß Brecht Arbeitsbedingungen hatte, die wenigstens ihm die Kreativität erlaubten. »Ich habe versucht, unter allen Lebensumständen das Notwendige beizubehalten. Es war nötig, daß Brecht ein Zimmer hatte, in dem er ungestört arbeiten konnte, und das mußte ziemlich groß sein, denn er lief gern bei der Arbeit.« Nach Ruth Berlau war die Weigel »die Bedauernswerte, die immer Leute heranschaffen mußte. Er konnte keinen Abend allein bleiben, er mußte Menschen um sich haben ... Das war für Helli ein furchtbares Problem ... Helli mußte dann immer anrufen und betteln, daß sie kamen.«

Das zum Teil auch von ihr selbst gezeichnete Bild ihrer fast auf ein reines Hausfrauendasein reduzierten Existenz im Exil will mir jedoch nicht ganz schlüssig erscheinen. Die vielen Mütterrollen, die Brecht gerade im Exil für sie schrieb, sind doch auch als Produkte des ständigen gegenseitigen Austauschs, von Zusammenarbeit also, anzusehen. Aus Briefen geht hervor, daß Brecht ständig nach Möglichkeiten suchte, die Weigel weiter auf die Bühne zu bringen. Anläßlich der – vor allem wegen der Unmöglichkeit, eine gute Hauptdarstellerin aufzutreiben – sich zum Mißerfolg auswachsenden New-Yorker Inszenierung der *Mutter* (1935) schreibt er der Weigel, daß ihr diese Rolle »auf diesem Planeten nicht leicht nachgespielt« werden wird. »Trotz gleichem Arrangement nicht wiederzuerkennen. *Du solltest doch Englisch lernen.*« Da sich vor allem die Sprachprobleme gegen Theaterengagements der Weigel auswirkten, konzipierte er nicht nur die Rolle der *Courage* für sie, sondern im selben Stück noch die ihrer Tochter, der stummen Katrin. Sicher ist Helene Weigel auch eine – in der Diskussion entstandene – Mitautorschaft am *Messingkauf* zuzusprechen, der ausführliche Richtlinien für ein neues Schauspiel enthält – so meint sicher nicht zu Unrecht Brigitte Klump.

Etwa 1938 entstand folgendes Gedicht.

Der Verläßlichen, der die Polizei
Den Mund zuhielt
Der Unerschrockenen, die den
Unterstand baute mit dem Strohdach
Das Gesicht nach Süden gewandt.
Der Freundlichen und Verständigen
Welche die Kinder zu Freundlichen
Machte und zu Verständigen
Der Warmherzigen

Der »Unterstand mit dem Strohdach« ist das von der Brecht-Familie zwischen 1933 und 1938 bewohnte Fischerhaus in Skovsbostrand in Dänemark. Noch auf eine baldige Rückkehr nach Deutschland hoffend, hatte die

Mit Helene Weigel, Kopenhagen 1936

Weigel – wie Brecht selbst – das »Gesicht nach Süden gewandt«. Der Beginn des Krieges machte die Hoffnung auf baldige Rückkehr endgültig zunichte.

Die Großzügigkeit und Solidarität, die Helene Weigel während des Exils gegenüber Margarete Steffin und Ruth Berlau übte, kann ihr nicht hoch genug angerechnet werden. Diesen »Mitarbeiterinnen«, die ebenfalls auf der Flucht vor Hitler waren, war Brecht mehr als freundschaftlich verbunden: durch leidenschaftliche Liebe. Das enge Zusammenleben dieser Gruppe blieb nicht frei von Eifersucht, bestand jedoch alle schweren Prüfungen des gemeinsamen Exils. Der wesentlichste Erfolg scheint mir jedoch darin zu liegen, daß die Gruppe kreativ blieb, und zwar nicht allein in Hinblick auf Brechts Arbeit.

Helene Weigel hatte im amerikanischen Exil überhaupt keine Möglichkeit mehr, als Schauspielerin aufzutreten. Für einen Film über die tschechische Untergrundbewegung (*Hangmen Also Die*), den Brecht mit Fritz Lang drehen sollte, schrieb er eine kleine, fast stumme Rolle für sie.

Obwohl bereits Probeaufnahmen angelaufen waren, besetzte Lang die Rolle plötzlich um, ohne der Weigel etwas zu sagen. Als Brecht von dieser nicht nur professionellen, sondern auch persönlichen Unverschämtheit des Freundes Lang erfuhr, war das für ihn Anlaß, die Hollywood-Studios nie mehr zu betreten.

Unter diesen Umständen war Weigels erfolgreiches Come back nach dem Kriege nicht mit Sicherheit vorherzusagen. Um ihr einen möglichst risikoarmen Start zu sichern, wählte Brecht für ihren ersten Auftritt in Europa eine kleine Bühne in Chur (Schweiz), wo ein Mißerfolg kein allzu großes Aufsehen erregt hätte. Es zeigte sich aber sofort, daß das Talent der Weigel nicht nur ungebrochen war, sondern sogar neuen Höhepunkten zustrebte. Brecht widmete ihr anläßlich der Premiere der *Antigone* (1948) ein Gedicht, dessen Grundzug, diesmal deutlicher denn je, die Identifizierung ihrer Persönlichkeit mit der darzustellenden Heldin ist. Hervorzuheben ist nochmals, daß die Metaphorik nicht entfremdend, sondern verfremdend ist.

Antigone

Komm aus dem Dämmer und geh
Vor uns her eine Zeit
Freundliche, mit dem leichten Schritt
Der ganz Bestimmten, schrecklich
Den Schrecklichen

Abgewandte, ich weiß
Wie du den Tod gefürchtet hast, aber
Mehr noch fürchtetest du
Unwürdig leben.

Und ließest den Mächtigen
Nichts durch und glichst dich
Mit den Verwirrern nicht aus, noch je
Vergaßt du Schimpf und über der Untat wuchs
Ihnen kein Gras

Der Siegeszug der Schauspielerin führte bis ins zerbombte Berlin, wo Brecht ihrem Organisationstalent die Leitung des Berliner Ensembles übertrug. Es handelte sich um weit mehr als um den Siegeszug irgendeiner Theatertechnik. Diese sollte ein aktiver Beitrag zu der geschichtlichen Wende sein, für die sie das Exil auf sich genommen hatte. Die persönliche Legitimität der Schauspielerin für den historischen Auftrag betont Brecht nochmals in einem Gedicht, in dem er auf die organische Verbindung zwischen schauspielerischer und gesellschaftlicher Funktion der Weigel hinwies.

Das Theater des neuen Zeitalters

Das Theater des neuen Zeitalters
Ward eröffnet, als auf der Bühne
Des zerstörten Berlin
Der Planwagen der Courage rollte.
Ein und ein halbes Jahr später
Im Demonstrationszug des I. Mai
Zeigten die Mütter ihren Kindern
Die Weigel und
Lobten den Frieden.

Möglicherweise fällt es manchem noch schwer, in diesen Gedichten, die keine erotischen Anklänge zeigen, Liebesgedichte zu sehen. Wahrscheinlich deshalb, weil sich unser Zeitgeist noch immer eher Erotik ohne Liebe vorstellen kann als Liebe in jenem umfassenden Sinn, der über

Auf der Probe zur »Courage«, 1951

die erotische Komponente hinausreicht. Die Epoche reift erst heran, in der man diese Form fruchtbarer Partnerschaft wird zu würdigen wissen, die zwischen Brecht und Weigel über die Zeit engster Intimität hinaus erhalten geblieben war. Gerade in der Lebensgemeinschaft mit der Weigel hat Brecht seine hervorragende Eigenschaft zum Ausdruck gebracht, über alle Mißstimmigkeiten und Zwiste hinweg, die Fähigkeit zur Versöhnung zu bewahren. Da dasselbe auch für sie galt, ließ sie den 1953 doch einmal gefaßten Plan zur Scheidung wieder fallen. Aus dieser Zeit stammt folgendes Gedicht:

»Ach, nur der flüchtige Blick
Sah sie genau
War nur durch solchen Trick
Mann meiner Frau.«

»Nur im Vorübergehen
Hatt' ich ihn ganz
War doch, fast unbesehn
Frau meines Manns.«

Haben die Zeit vertan
Bis uns die Zeit getrennt
Und, schon den Mantel an
Uns dann umarmt am End.

Liebeslieder für einen Soldaten der Revolution

Den Haien entrann ich
Die Tiger erlegte ich
Aufgefressen wurde ich
Von den Wanzen
(Epitaph für Margarete Steffin, 1946)

Auch in den Gedichten für Margarete Steffin und Ruth Berlau drückt sich das neue, emanzipatorische Niveau der Partnerbeziehung zwischen Mann und Frau aus, das Brecht zu verwirklichen suchte. Besonders bemerkenswert ist, daß er für jede der drei Frauen einen ganz besonderen Stil entwickelte. Die Konzeption der Liebe ist bewußt unromantisch, was in der Dichtung zu einem »Auf-den-Kopf-Stellen« der traditionellen Liebeslyrik führte.

Das achte Sonett

Nachts, wo die Wäsche an der Hecke hing ...
Am Bach im Wald, du standest, rings war Wildnis ...
Im kleinen Holzbett, unterm Bronzebildnis ...
Auf schwedischem Bett im Arbeitsraum; er fing

Eben zu trocknen an ... am Hang, bei großer
Schräge ...
Im Eck der Schreibstub, zwischen Fenster und
Schrank ...
Im Gasthof, der Petroleumofen stank ...
Im Lagereck der Schreibstub, essensträge ...

Im Kloster, durch Klaviere aufgebracht ...
Möbliert, du warfst den Schlüssel vom Balkon ...
In einem Zimmer des Hotels ... in beiden ...

Im Vaterland der Werktätigen ... schon
Zu jeder Stund des Tags ... und auch der Nacht ...
In gut vier Ländern ... allen Jahreszeiten ...

Hanns Eisler bezeichnete Margarete Steffin als die »wertvollste Mitarbeiterin von Brecht«. Berliner Arbeiterkind, tätig als kaufmännische Angestellte, hatte sie sich autodidaktisch »einen glänzenden Geschmack in verfeinertsten literarischen Fragen« angeeignet. Sie lernte Brecht, Weigel und Eisler 1931 bei den Vorbereitungen einer »Roten Revue« der Jungen Volksbühne kennen. Wenig später spielte sie in der Uraufführung der *Mutter* (mit der Weigel in der Titelrolle) das Dienstmädchen.

Schon damals litt Margarete Steffin an einer schweren Tuberkulose, die sie in ihren bescheidenen Lebensumständen nicht ausheilen konnte. Eisler und Brecht, dessen Mitarbeiterin sie ab Mitte 1933 geworden war, finanzierten für sie einen Kuraufenthalt in der Schweiz, von dem sie nicht mehr nach Deutschland zurückkehren konnte: Margarete Steffin war Mitglied der KPD. Sie folgte Brecht nach Paris. 1934 verbrachten beide eine gemeinsame Zeit in Moskau, schließlich folgte sie ihm auch ins dänische Exil, wo sie ganz in seiner Nähe, in Skovsbostrand, lebte.

Brecht nennt sie als Mitarbeiterin an den Stücken *Die Horatier und die Kuriatier, Die Rundköpfe und die Spitzköpfe, Furcht und Elend des dritten Reiches, Die Gewehre der Frau Carrar* und *Der aufhaltsame Aufstieg des Arturo Ui* sowie am *Puntila.* Steffin hat aber auch eigene, teilweise fragmentarische Werke hinterlassen: leider bis heute unveröffentlichte Gedichte und mehrere Arbeiten für Kinder, darunter zwei abgeschlossene Theaterstücke, bei deren Entstehen

Im Gespräch mit Martin Andersen Nexö und Margarete Steffin (2. v. r.)

Brecht als Ratgeber fungierte. Außerdem entstand in gemeinsamer Arbeit eine Nexö-Übersetzung. Es wäre sicher falsch, zu behaupten, daß Steffin durch ihre intensive Arbeit für Brecht nicht dazu gekommen wäre, ihr »ungeheures Talent« (Eisler) mehr in eigene Arbeiten umzusetzen. Es waren vor allem die objektiven Bedingungen – der Faschismus in Deutschland und die Exilsituation –, welche Publikationen beziehungsweise Aufführungen von Stükken Steffins von vornherein unmöglich machten. Da sie zudem jedoch auch noch ein Sprachgenie war, lernte Margarete Steffin die Sprachen aller Exilländer einschließlich Russisch – um wenigstens Übersetzungen machen zu können. Von ihrer Krankheit erholte sie sich nur vorübergehend, sie sollte erneut mehr und mehr an ihren Kräften zehren.

Aus einem Brief Brechts an sie über den *Dreigroschenroman* geht hervor, was für eine außerordentlich strenge und gewissenhafte Hilfe er sich von Margarete Steffin erwartete: »Und laß nichts aus, was Dir nicht gefällt! … kennzeichne insbesondere die Stellen, die Dir schludrig erscheinen, Kraftausdrücke und gewollte Spitzfindigkeiten.«

Aus Brechts *Arbeitsjournal* geht noch eindringlicher hervor, wie bedeutsam die Mitarbeit Steffins für ihn war. Am 2. Juni 1940 schreibt er: »ich gehe jetzt zum x-male den *Guten Menschen von Sezuan* durch, wort für wort mit grete.« Und selbst während des Wiederaufflackerns ihrer Tuberkulose in Finnland arbeitete sie mit der ihr eigenen Rigorosität am *Arturo Ui* mit. »grete rechnete aus, daß von 100 versen 45 hinkten … grete züchtigt mich mit skorpionen, der jamben des *Ui* wegen. seit einer vollen woche sitze ich jetzt darüber, und sie will mir immer noch keine beruhigenden versicherungen abgeben. wedekind, erzählt sie nebenbei, bringe den sinn immer auf *eine* zeile …«

Hier wohl das hübscheste »Mitarbeiterinnengedicht«.

Das zehnte Sonett

Am liebsten aber nenne ich dich Muck
Weil du mir, wenn du aufmuckst, so gefällst
Wenn du den Klassiker zur Rede stellst
Sei's, dass du Seiten ordnest für den Druck
Sei's, dass er dich schnell anlangt an den Beinen.

Sogleich bestreitest du, dass du mich kennst
Und was wir tun, mit meinem Worte nennst
Wie kann ich Tölpel sowas von dir meinen?

Zornig und fremd sitzt du mir gegenüber
»Was wagt der Mensch, er ist mir unbekannt!«

Und mein Erstaunen ist noch nicht vorüber
Wenn in dir sichtlich eine Freude wächst

Und streng noch schreibst du hin den neuen Text
Und plötzlich holst du dir dann meine Hand.

Der aktive, schöpferische Anteil Margarete Steffins an Brechts Werk muß hoch eingeschätzt werden. So ist ihr beispielsweise die Grundidee der Brechtschen *Puntila*-Variante zuzuschreiben: die Klassenkonfrontation zwischen dem Feudalherrn und seinem Chauffeur. Im ursprünglichen *Puntila*-Drama der finnischen Dichterin Hella Wuolijoki ist der Matti ein aus kleinbürgerlichen Verhältnissen stammender Playboy, der nur den Chauffeur spielt, um an Puntilas Tochter Eva heranzukommen. Als Steffin – hinter einer Palme sitzend – den *Puntila* nach der Simultanübersetzung der Wuolijoki mitstenografierte, ließ sie bereits die bürgerliche Herkunft des Matti unter den Tisch fallen und machte ihn kurzerhand ganz zum Proletarier.

Die Steffin besaß nicht nur die künstlerischen Fähigkeiten und die charakterliche Strenge des Kontrolleurs, die Brecht zum Schreiben brauchte, sie war für ihn auch in anderer Hinsicht unersetzbar: Im Exil blieb sie für ihn die einzige authentische Quelle und Verbindung zum deutschen Arbeitermilieu. Eisler hat recht, wenn er behauptet, daß ein Stück wie *Furcht und Elend des dritten Reiches* ohne sie überhaupt nicht zustande gekommen wäre.

Ein Grundproblem der Ästhetik Brechts hat darin bestanden, nicht nur politisch für die Arbeiterklasse Partei zu ergreifen, sondern auch Techniken zu suchen, um von der Arbeiterklasse verstanden zu werden. Und gerade diese Techniken konnten nicht spekulativ oder theoretisch gefunden, sie mußten ausprobiert werden. Eigentlich war das nur im direkten Kontakt mit dem deutschen Arbeiterpublikum möglich, von dem Brecht aber nun abgeschnitten war. Die Steffin konnte zwar dieses praktische Experimentierfeld nicht ersetzen, war aber doch in der Lage, »dem Brecht die Kenntnisse von der Berliner Arbeiterschaft in der Wohnküche« zu vermitteln, die er brauchte (Eisler). Und Margarete Steffin war es auch, die ihn zu Klarheit und Einfachheit in der Sprache zwang. Im Falle seines Romans *Die Geschäfte des Herrn Julius Cäsar* führte das sogar dazu, daß er scheinbar zunächst besser von Arbeitern als von Intellektuellen verstanden wurde: »... ich bin mit dem *Caesar* nicht mehr weitergekommen, wollte ihn schon für unverständlich halten. jetzt bekomme ich zuzug: gretes schwester, frau eines metallarbeiters, ist aus deutschland hier. sie liest in einem einzigen abend das zweite buch und findet es hochinteressant; ausgefragt von grete zeigt sie, daß sie so ziemlich alles verstanden hat; BENJAMIN und STERNBERG , sehr hochqualifizierte intellektuelle, haben es nicht verstanden und dringend vorgeschlagen, doch mehr menschliches interesse hineinzubringen, mehr vom alten roman!« (26. Februar 1939).

Rückblickend scheint Brechts Optimismus hinsichtlich der Verständlichkeit seines Werks freilich übereilt. Wissen wir doch, welche erheblichen Schwierigkeiten es dem Publikum immer noch und immer wieder stellt. Der von Brecht Ende der zwanziger und Anfang der dreißiger Jahre mit so großem Schwung hergestellte direkte Kontakt zum Arbeiterpublikum ließ sich im Exil doch nicht ersetzen. Später stellte freilich wohl auch der historische Abstand, mit dem das deutsche Publikum die Stücke Brechts aus jener Zeit erst rezipieren konnte, ein gewisses Hindernis für ein leichtes Verstehen dar.

Hier ein Gedicht, in dem Brecht davon spricht, wie unentbehrlich ihm Margarete Steffin als Brücke zur kämpferischen Fraktion des deutschen Proletariats war.

Die gute Genossin M. S.

Zu euch kam ich als Lehrer, und als Lehrer
Hätte ich von euch gehen können. Da ich aber lernte

Blieb ich. Denn auch später
Fliehend unter das dänische Strohdach
Ging ich doch nicht von euch.
Und eine von euch
Habt ihr mir mitgegeben.

Daß sie prüfe
Alles, was ich sage; daß sie verbessere
Jede Zeile von nun an
Geschult in der Schule der Kämpfer
Gegen die Unterdrückung.

Seitdem unterstützt sie mich –
Schwacher Gesundheit, aber
Fröhlichen Geistes, unbestechlich
Auch von mir. Oftmals
Streiche ich lachend selber eine Zeile durch, schon
  ahnend
Was sie darüber sagen würde.

Andern gegenüber aber verteidigt sie mich.
Ich habe gehört, daß sie vom Krankenlager aufstand
Euch den Nutzen der Lehrstücke zu erklären
Weiß sie doch, daß ich mich bemühe
Eurer Sache zu dienen.

Brecht widmete Steffin einen Teil der von ihr gesammelten Gedichte, welcher als *Steffinische Sammlung* bekannt ist, sowie den Zyklus *Lieder des Soldaten der Revolution*. Ihm entstammt das vorangegangene und auch das folgende Gedicht. Sie besingen die Tapferkeit und Selbstlosigkeit der Kommunistin Steffin. Es sind Liebeslieder, wenn auch von einem ganz neuen Typus: Besungen werden jene Züge der geliebten Frau, die die Spezifik ihres Weltkontaktes ausmachen.

Lied des Soldaten der Revolution

1
Mir, dem Soldaten der Revolution
Ist es gleich, wo ich wohn.
Jedes Zimmer, noch so dunkel und klein
Soll mir nur ein Bollwerk sein
Eine bestimmte Position
Wo ich aufstelle meine Kanon.

2
Um die Gegend kümmere ich mich nicht.
Ich sehe sogleich, woran's ihr gebricht.
Meistens ist nicht die Gegend schlecht
Sondern das Pack, das sich drüber zu herrschen
   erfrecht.
Diesem Pack muß die Stirn geboten werden
Dann wird es überall erträglich auf Erden.

3
Ich brauch auch keine Freundschaften, weil:
Ich melde mich immer gleich bei meinem Truppenteil.
Das sind meine Freunde, die dort stehn
Wenn ich sie auch noch nie gesehn.
Ich erkenn sie als Freunde mit Leichtigkeit:
Sie sind mit mir zusammen zu kämpfen bereit.

4
Meine Freunde gehen mir ein Stück Brot holen
Sie versorgen mich mit den letzten Parolen
Sie helfen mir meine Wunden verbinden
Und dann wieder das Loch in der Mauer finden
Durch das ich zurückkomme einmal dahin
Von wo ich eben verjagt worden bin.

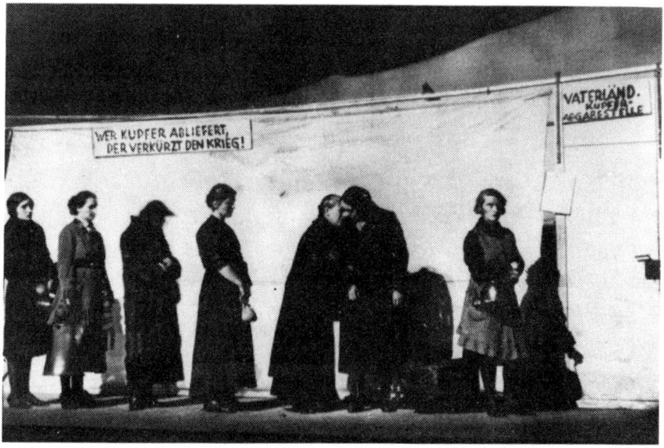

*»Die Mutter«, Helene Weigel als Pelagea Wlassowa,
Margarete Steffin als Dienstmädchen, Berlin 1932*

5
Wenn ich noch nicht zurückhumpeln kann
Fange ich doch sogleich zu kämpfen an
Indem ich mich umschaue und lerne, was es zu lernen
gibt
Damit ich weiß, wie man siegt und nichts versiebt.
Insofern ist jeder Ort eine Kampfposition
Für einen Soldaten der Revolution.

Margarete Steffin zwang Brecht nicht nur zur Einfachheit und Klarheit im Ausdruck – wie die Notiz aus dem *Arbeitsjournal* über die Jamben des *Ui* anzeigt, sondern zugleich auch zu klassischer Formenstrenge. Ihr sind ein Großteil der Sonette von 1933 bis 1935 gewidmet – eines der schwierigsten poetischen Genres, mit dem wir uns des weiteren noch mehrfach zu beschäftigen haben, unter anderem auch, weil ein Teil der umstrittenen erotischen Sonette dazugehören. Wie schwierig das Genre für den

Dichter der so reimarmen deutschen Sprache ist, hat seinerzeit Goethe selbst dargelegt.

Das Sonett (1800)

Sich in erneutem Kunstgebrauch zu üben
Ist heilge Pflicht, die wir dir auferlegen.
Du kannst dich auch, wie wir, bestimmt bewegen
Nach Tritt und Schritt, wie es dir vorgeschrieben.

Denn eben die Beschränkung läßt sich lieben,
Wenn sich die Geister gar gewaltig regen;
Und wie sie sich denn auch gebärden mögen,
Das Werk zuletzt ist doch vollendet blieben.

So möcht' ich selbst in künstlichen Sonetten,
In sprachgewandter Masse kühnem Stolze,
Das Beste, was Gefühl mir gäbe, reimen;

Nur weiß ich mich hier nicht bequem zu betten,
Ich schneide sonst so gern aus ganzem Holze
Und müßte nun doch auch mitunter leimen.

Die Sonette für Margarete Steffin bezeugen die Stärke und Spannkraft dieser Liebesbeziehung. Bestechend ist nicht nur ihre sprachliche Schönheit, sondern auch wieder ihre Aufrichtigkeit. Nicht nur die Glücksmomente, auch die Schwierigkeiten der Beziehung wurden zum Inhalt von Sonetten. Irgendwann muß da auch einmal ein Kinderwunsch gewesen sein, den man trotz Exilierung und unsicherer Zukunft zu hegen wagte.

Das zweite Sonett

Uns beiden gleichend, würd es keinem gleichen
Nicht dir noch mir, so daß ihn keiner kennt.
Er finge an und wäre niemals End
Er hätte nichts und könnte viel erreichen.

Sein Vater wär es freilich nicht gewesen –
Doch seine Mutter wäre ein Soldat.
So einer wüßte seinen Freunden Rat
Und seine Feinde hätten große Spesen!

Und wenn er käme: an dem guten Tage
Würd er versteckt. Und würde er gefunden
Er sagte »knif«, das heißt: »Kommt nicht in Frage.«

So stritten über ihn sich die Gelehrten
Solang er wäre, bliebe er verschwunden
Solang er noch nicht ist, muß er noch werden.

Wie sehr muß nach den letzten Veröffentlichungen von biographischen Materialien und solchen persönlichen Gedichten das Bild vom Brecht korrigiert werden, der angeblich »das Schwangerwerden seiner Freundinnen haßt« und in seinem »koketten Männlichkeitswahn« in Frauen »allenfalls Echo, Spiegel, Gegenüber, nie aber Partner« zu sehen imstande gewesen sein soll (Fritz J. Raddatz).

Spannungen kamen auf, als sich Brechts Liebesbeziehung zu Ruth Berlau entwickelte. Einen Abstand zu Brecht herzustellen wird nun überlebenswichtig für Margarete Steffin. Und Brecht ringt darum, das traditionelle Eifersuchtsdrama zu vermeiden.

Sonett Nr. 19

Nur eines möcht ich nicht: dass du mich fliehst.
Ich will dich hören, selbst wenn du nur klagst.
Denn wenn du taub wärst, braucht ich, was du sagst
Und wenn du stumm wärst, braucht ich, was du siehst

Und wenn du blind wärst, möcht ich dich doch sehn.
Du bist mir beigesellt als meine Wacht:
Der lange Weg ist noch nicht halb verbracht
Bedenk das Dunkel, in dem wir noch stehn!

So gilt kein »Lass mich, denn ich bin verwundet!«
So gilt kein »Irgendwo« und nur ein »Hier«
Der Dienst wird nicht gestrichen, nur gestundet.

Du weisst es: wer gebraucht wird, ist nicht frei.
Ich aber brauche dich, wie's immer sei
Ich sage ich und könnt auch sagen wir.

Wohl nicht allein die Zwänge des Exils, auch die Stärke der Beziehung bewirkten, daß die Krise überwunden wurde. Das Arbeits- und Liebesverhältnis zwischen Brecht und Steffin blieb erhalten.

Margarete Steffins Lage war wegen ihrer Zugehörigkeit zur KPD besonders prekär. Ohne die vielen persönlichen, politischen und künstlerischen Beziehungen, die Brecht in den Exilländern hatte, wäre sie verloren gewesen. Kurz bevor Schweden mobilisierte, fand eine Säuberungswelle gegen Kommunisten statt, während der auch ein Haftbefehl gegen Steffin erlassen wurde. Er wurde nur wieder rückgängig gemacht, als schwedische Freunde von Brecht Garantien übernahmen und ein Arzt ein Attest über die Tuberkulosekrankheit ausgestellt hatte. Brecht entschloß sich nun aber zur Weiterfahrt nach Finnland.

Unter den besonders schweren Bedingungen des finnischen Exils – es mangelte vor allem an ausreichend gutem Essen – erlitt Margarete Steffin einen schweren Rückfall. Brecht schrieb in sein *Arbeitsjournal*: »die finnen kämpfen immer noch. die menschliche geduld ist etwas zum verzweifeln. welch ein hunger schon vor einem jahr! bis ich eine orange erobert hatte für grete oder ein ei – ich brachte es, als hinge gerade an dieser orange oder an diesem ei ihr leben« (8. Mai 1942).

Hinzu kam schließlich noch die Aufregung um das mexikanische Visum, das die Einreise in die USA ermöglichen sollte. Während die Brecht-Familie und Ruth Berlau das Visum bereits hatten (auch der Berlau war es wegen ihrer Zugehörigkeit zur dänischen KP zunächst verweigert worden) und von Freunden auf die Abreise gedrängt wurden, weil die deutschen Truppen bereits nach Finnland eindrangen, bekam Steffin dieses Visum nicht. Sie konnte den dafür erforderlichen Gesundheitsnachweis nicht erbringen, auch mag wieder ihre Mitgliedschaft in der KP eine Rolle gespielt haben. Es gelang buchstäblich in letzter Minute, ihr wenigstens ein Besuchervisum zu beschaffen.

Geplant war, durch die Sowjetunion zu reisen und sich über den Pazifischen Ozean einzuschiffen. Die Reise löste die Katastrophe aus: »... in moskau brach grete, die sich noch an der grenze wegen der manuskripte abgehetzt hatte – sie allein sprach russisch –, zusammen. die karge kost in finnland (fast kein fleisch, wenig fette, kein gemüse, kein obst), die aufregungen und ängste, besonders auch die furcht, sie könnte schuld daran sein, daß wir alle nicht mehr wegkommen würden, dann auch die reise hatten sie völlig erschöpft« (13. Juli 1941).

Brechts Freunde im sowjetischen Schriftstellerverband drängten auf seine sofortige Weiterreise nach Wladiwostok, weil sie trotz der offiziell noch herrschenden Windstille des Nichtangriffsvertrages überzeugt waren, daß die deutsche Invasion gegen die Sowjetunion in wenigen Wochen, wenn nicht Tagen bevorstand. Alexander Fadejev und Michaíl Apletin versprachen, für die Genesung und spätere Weiterreise von Margarete Steffin nach Amerika alles Menschenmögliche zu unternehmen. Über seinen letzten Besuch im Sanatorium schreibt Brecht: »Mittags um 12 bin ich im Sanatorium mit einem kleinen Elefanten, der sie sehr freut. Ich habe ihr ein Kopfkissen mitgebracht. Sie sagt: ›Ich komme nach, nur zwei Dinge können mich abhalten: Lebensgefahr und der Krieg.‹ Sie ist wieder ruhig und lächelt, als ich gehe, ohne Anstrengung. Sie sagt: ›Du hast mir solche Dinge gesagt, daß ich ganz ruhig bin.‹ 5 Uhr fahre ich ab nach Wladivostok« (30. Mai 1941).

Noch in der Transsibirischen Eisenbahn erreichte Brecht ein Telegramm, das ihn vom Tode Margarete Steffins in Kenntnis setzte. Kurz nach der Ankunft in Amerika schreibt er: »fast an keinem ort war mein leben schwerer als hier in diesem schauhaus des easy going. das haus ist zu hübsch, mein beruf ist hier goldgräbertum ... wenn ich gehe, gehe ich auf wolken wie ein rückenmärkler. und gerade hier fehlt grete. es ist, als hätte man mir den führer weggenommen gerade beim eintritt in die wüste« (1. August 1941).

Nach dem Tod meiner Mitarbeiterin M.S.

I

Im neunten Jahre auf der Flucht vor Hitler
Erschöpft von den Reisen
Der Kälte und dem Hunger des winterlichen Finnland
Und dem Warten auf den Paß in einen andern Kontinent
Starb unsere Genossin Steffin
In der roten Stadt Moskau.

II
Als es so weit war und der nicht unerbittliche Tod
Achselzuckend nur die fünf zerstörten Lappen der
Lunge zeigte
Außerstande, ihr zuzumuten ein Leben nur mit dem
sechsten
Schleppte ich zusammen noch schnell 500 Aufträge
Dinge, zu erledigen sofort und morgen, im nächsten Jahr
Und in sieben Jahren von jetzt an
Stellte unzählige Fragen, entscheidende, nur durch sie
Beantwortbare
Und so beansprucht
Starb sie leichter.
...
...
...

VI
Seit du gestorben bist, kleine Lehrerin
Gehe ich blicklos herum, ruhelos

In einer grauen Welt staunend
Ohne Beschäftigung wie ein Entlassener
...

Ein Jahr nach dem Tod Margarete Steffins notiert Brecht: »ich habe nichts getan und werde nichts tun, den verlust gretes zu ›verwinden‹. sich mit dem geschehenem aussöhnen – wozu sollte das gut sein? da sind viele enden an diesem strick, an die noch angeknüpft werden muß. hitler hat sie umgebracht und der hunger. hitler lebt noch und der hunger beherrscht die welt. bei meinem versuch, sie zu retten, bin ich geschlagen worden, und es ihr leicht zu machen, habe ich nicht vermocht. die gelungenen werke soll man vergessen, aber nicht die mißlungenen« (30. Juni 1942).

Alles oder nichts: Kin-je und Lai-tu

Ardens sed Virens

Herrlich, was im schönen Feuer
Nicht zu kalter Asche kehrt!
Schwester sieh, du bist mir teuer
Brennend, aber nicht verzehrt.

Viele sah ich schlau erkalten
Hitzige stürzen unbelehrt
Schwester, dich kann ich behalten
Brennend, aber nicht verzehrt.

Ach, für dich stand, wegzureiten
Hinterm Schlachtfeld nie ein Pferd
Darum sah ich dich mit Vorsicht streiten
Brennend, aber nicht verzehrt.

»Als wir uns zum ersten Male sahen, gab er mir zwar seine Hand, trat aber gleichzeitig einen Schritt zurück. Dieses Kunststück macht dem Brecht so leicht keiner nach. Abstand, um Gottes willen Abstand! Nicht nur in seiner Regie forderte er Abstand, sondern auch privat.« So schildert Ruth Berlau ihr erstes Zusammentreffen mit Brecht in Dänemark 1933. Sie hatte damals bereits die Anna in *Trom-*

meln in der Nacht gespielt und verehrte den Dichter sehr. Sie war »einfach hingegangen«, um ihn zu treffen. Die Weigel, »eine zarte Person von fremdartiger Schönheit«, empfing sie mit »Herzlichkeit«. Brecht bot ihr sofort das Du an, das ihm ansonsten nicht so leicht von der Zunge ging. Bis zum ersten Kuß vergingen jedoch noch zwei Jahre.

Ruth Berlau ist von früher Jugend an eine außerordentlich unternehmungshungrige und leidenschaftliche Frau gewesen. Als Zwanzigjährige war sie für die Zeitschrift *Extrabladet* per Fahrrad nach Paris gefahren, »um einen Lippenstift zu kaufen«. Doch die Reise verlief ganz und gar ohne die erhofften, publizistisch wirksamen Zwischenfälle. Ihre allesamt ausgedachten, hochdramatischen täglichen Reportagen waren aber so erfolgreich, daß sie nach ihrer triumphalen Rückkehr sofort wieder einen Auftrag erhielt. Diesmal sollte sie für die Zeitschrift *Politiken* mit dem Fahrrad nach Moskau reisen. Man erwartete nun Berichte darüber, wie sie von den »Bolschewiken zu Hackbeef verarbeitet« worden war. Statt dessen schickte Ruth Berlau jedoch begeisterte Artikel aus der Sowjetunion, die *Politiken* nicht drucken wollte. Der Vorschuß, den sie erhalten hatte, reichte aber aus, um sich ein Vierteljahr in Moskau umzusehen. Nach ihrem Heimflug radelte sie vom Airport direkt zum Büro der Kommunistischen Partei Dänemarks, um sich als Mitglied einzuschreiben.

Als sie 1933 mit Brecht und Weigel zusammentraf, war Ruth Berlau wohlsituierte Ehefrau des bedeutenden Arztes Robert Lund und Schauspielerin am Königlichen Theater in Kopenhagen. Sie trug den Beinamen »Rote Ruth«. Bei ihrem ersten Besuch in Skovsbostrand (im »Lincoln« war sie angerollt) stibitzte sie bereits das Textbuch zur *Mutter*, die sie 1935 dann mit Unterstützung der Weigel auf die Bühne des Kopenhagener Arbeiterlaientheaters brachte. 1937 folgten die *Gewehre der Frau Carrar*. Und 1938 kam es unter ihrer Regie sogar zu einer deutschsprachigen Aufführung des Stücks, in der die Weigel die Titelrolle spielte und andere deutsche Emigranten als Darsteller fungierten. Sie brachte Brechts *Svendborger Gedichte* als Subskriptionsdruck heraus und trat in vielen Veranstaltungen als Rezitatorin seiner antifaschistischen Gedichte auf.

Aus all diesen Gründen mußte sie, als der Einmarsch der deutschen Truppen nach Dänemark absehbar wurde, ebenfalls das Land verlassen. Aus Liebe zu Brecht und seinem Werk folgte sie ihm durch das ganze Exil, bis hin nach Berlin. Bevor Brecht nach Finnland abreiste, schrieb er ihr: »... von jetzt ab warte ich auf dich, wohin immer ich komme, und ich rechne immer mit dir. Und ich rechne nicht wegen dir auf dein Kommen, sondern wegen mir, Ruth.«

Berlau war als Gesprächspartnerin am Entstehen vieler Stücke und Filmprojekte beteiligt: *Der gute Mensch von Sezuan, Der kaukasische Kreidekreis, Puntila, Flüchtlingsgespräche, Die Tage der Commune, Hofmeister, Bermuda Troubles* u.a. ... Auf seinen Wunsch lernte sie in Amerika fotografieren und legte eine mehrere tausend Fotos umfassende Sammlung seiner Textvarianten und Inszenierungsversuche an, die die Grundlage des Archivs des Berliner Ensembles werden sollten. Besonders bekannt geworden ist die gemeinsam von ihr und Brecht angelegte Fotosammlung mit Versen über den zweiten Weltkrieg, die sie 1955 unter dem Titel *Kriegsfibel* herausgegeben hat.

In dem philosophischen Text *Me-ti* hat unter anderem die langjährige Liebesbeziehung zwischen Brecht (Kinjeh oder Ken-jeh) und Berlau (Lai-tu) ihr Denkmal gefunden. Die Aufnahme der lyrischen, teils sogar in Gedichtform geschriebenen Reflexionen über die Liebe im *Me-ti* kommt nicht von ungefähr. Obwohl die Situationen, die zu den Lai-tu-Abschnitten geführt haben, auf authentische Begebenheiten zurückgehen, haben wir es hier doch

Mit Ruth Berlau, 1939

einmal auch mit dem Versuch zu tun, die Liebesproblematik allgemeiner, philosophisch zu fassen, und zwar ebenfalls mittels der »großen Methode«.

»Nähe« und »Abstand« der Liebenden werden als dialektische Beziehung verstanden, deren Dynamik durch den gemeinsamen Bezug auf eine »dritte Sache« bestimmt wird: »Me-ti sagte, daß das Verhältnis zwischen zwei Menschen gut sei, wenn da eine dritte Sache vorliege, der das Interesse beider gelte ... Was Me-ti sich Gutes erwartete, wenn zwei Hände, etwa von Mann und Frau, sich bei einer gemeinsamen Arbeit, beim Eimertragen, berühren ... das erwartete sich Mi-en leh (= Lenin – S. K.) für junge Völker, wenn sich ihre Hände beim Treiben des Rades der Geschichte berühren.«

Vom antifaschistischen Schriftstellerkongreß in Paris (1937), an dem Brecht nicht teilnehmen konnte, fuhr Ruth Berlau direkt in den Spanischen Bürgerkrieg. Sie wollte dort Reportagen schreiben.

Kin-jeh sagte von seiner Schwester:
Wir liebten uns zwischen den Schlachten.
In den Heerzügen
Winkten wir uns zu. Da lagen Briefe
In den eroberten Städten. Auf meine Feinde wartend
Versteckt in der Hütte, hörte ich
Ihren leichten Schritt, sie
Brachte Essen und Nachricht. Schnell, auf dem
   Bahnhof
Verständigten wir uns über den Fortgang unserer
   Unternehmungen.
Noch den Staub vom Weg auf den Lippen
Küßte ich sie. Um uns
Änderte sich alles. Unsere Zuneigung
Änderte sich nicht.

Die »Nähe« der Liebenden wird durch das gemeinsame Engagement verstärkt, der »Abstand« ergibt sich daraus, daß das »Engagement« nicht immer zusammen realisiert werden kann: Es verlangt oft gerade auch individuellen Einsatz. Selbst eine Trennung der Liebenden wird gegebenenfalls unvermeidbar. Die »Sache« trägt eine Bewegung in das Verhältnis der Liebenden, welches fortan nichts mehr mit dem alten romantischen Ideal des ewigwährenden Beieinanderhockens zu tun hat. Es ist eine in ständigem Fluß befindliche, sich immer wieder erneuernde Beziehung geworden. Und als solche wird sie Bestandteil der »großen Methode«, die ja nicht nur Philosophie sein will, sondern lebensgestalterische Praxis.

Diese Form der Liebe führt nicht zum innigen Verschmelzen, zur ewigen Harmonie. Sie kostet auch neuartige Schmerzen. Brecht, der Berlau in ihrem Vorhaben unterstützt und bestärkt hatte, nach Spanien zu fahren, blieb lange ohne Nachricht von ihr. Sie erzählt: »Ich wollte nur bleiben, solange der Schriftstellerkongreß dauert, ungefähr zwei Wochen. Ich hatte Brecht sogar schon geschrieben, welches Schiff ich für die Rückfahrt benutze. Aber dann ging ich an die Front und habe auch nicht viel von mir hören lassen.«

Kin-jehs Lied über seine Schwester im Bürgerkrieg

Unser unaufhörliches Gespräch, gleichend
Dem Gespräch zweier Pappeln, unser vieljähriges
  Gespräch
Ist verstummt, ich höre nicht mehr
Was du sagst oder schreist, noch hörst du
Was ich sage.
Ich habe dich auf meinem Schoß gehalten und dir das
  Haar gekämmt
Ich habe dich die Regeln der Kriegskunst gelehrt
Ich habe dir beigebracht, wie man mit einem Mann
  umgeht
Wie man Bücher liest und wie Gesichter
Wie man kämpft und wie man ausruht
Aber jetzt sehe ich
Wie viel ich dir nicht gesagt habe.
Oft stehe ich nachts auf, und im Halse
Würgen mich die nutzlosen Ratschläge.

Als Kin-jeh vergeblich im Hafen auf Lai-tus Ankunft gewartet hatte, schrieb er ein weiteres Gedicht.

Wenn der Stein sagt, daß er zu Boden fallen will
Wenn du ihn in die Luft schleuderst
Dann glaube ihm.
Wenn das Wasser sagt, daß du naß wirst
Wenn du ins Wasser steigst
Glaube ihm.
Wenn deine Freundin schreibt, daß sie kommen will

Glaube ihr nicht. Hier
Ist keine Naturkraft am Werke.

Brecht erduldete nun also die Qualen des sich emanzipierenden Mannes. Der Zwiespältigkeit seines Fühlens wohl bewußt, schreibt er: »Kin-jeh rechnete sich nach der Zeit, wo seine Schwester, fern von ihm, im Bürgerkrieg gewesen war, seiner Besorgnis um sie wegen stets zu den feigen Leuten.«

Doch Lai-tu kommt schließlich wohlbehalten aus dem Bürgerkrieg zurück. Das Bestehen solcherart emanzipatorischer Belastungsproben erlaubt es Kin-jeh nun, die neue Form der Liebe souverän als »Produktion« zu bezeichnen: ». . . Sie verändert den Liebenden und den Geliebten, ob in guter oder in schlechter Weise. Schon von außen erscheinen Liebende wie Produzierende, und zwar solche einer hohen Ordnung. Sie zeigen die Passion und Unhinderbarkeit, sie sind weich, ohne schwach zu sein, sie sind immer auf der Suche nach freundlichen Handlungen, die sie begehen könnten (in der Vollendung nicht nur zum Geliebten selber). Sie bauen ihre Liebe und verleihen ihr etwas Historisches, als rechneten sie mit einer Geschichtsschreibung ... Den Besten gelingt es, ihre Liebe in völligen Einklang mit anderen Produktionen zu bringen; dann wird ihre Freundlichkeit zu einer allgemeinen, ihre erfinderische Art zu einer vielen nützlichen, und sie unterstützen alles Produktive.«

In vielerlei Hinsicht herrschte Ebenbürtigkeit zwischen Lai-tu und Kin-jeh. Eine Ungleichheit indes scheint bestehenzubleiben. Während Kin-jeh bedeutsame Dichtungen hervorbringt, die zum Teil in den Gesprächen mit Laitu inspiriert werden, denkt sie selbst »... gering von sich, weil sie kein großes Werk hervorgebracht hatte. Weder als Schauspielerin noch als Dichterin wies sie besondere Leistungen auf. Daß in Hinblick auf sie Dichtungen hervorgebracht wurden und gute Leute sich besser verhielten als sonst, achtete sie für nichts. Me-ti sagte ihr: Es ist richtig, du hast noch keine Ware geliefert. Aber das bedeutet nicht, daß du noch keine Leistung geliefert hast. Deine Güte wird festgestellt und gewürdigt, indem sie in Anspruch genommen wird. So erwirbt der Apfel seinen Ruhm, indem er gegessen wird.«

Kein Wunder, daß gerade dieser Text immer wieder als skandalös empfunden wird. Selbst einer gemäßigten Feministin wie Laureen NußbaumKlein gilt er als Beweis, daß Brecht doch eine gewisse Laxheit in Fragen der Gleichberechtigung vorgehalten werden muß. Der Text ist auch letztlich nur wirklich akzeptabel, wenn man wieder in Betracht zieht, daß in der Metapher vom Apfel nicht allein sein, Brechts »Werk«, zu sehen ist, sondern ein kollektiver Beitrag zu den Kämpfen der Zeit.

Das Gewicht des Beitrages von Ruth Berlau zu Brechts Werk ist umstritten und wird auch umstritten bleiben, weil er nur schwer dokumentierbar ist, er kam ja vor allem im Gespräch zustande. So schreibt Brecht zum Beispiel in einem Brief an sie, in dem es um den *Puntila* geht: »Das Stück hätte ich ohne unsere Spaziergänge im Laubwald nie schreiben können.« Und sie selbst berichtet: »Ich war hundertprozentige Parteikommunistin und habe ihm immer wieder abverlangt, daß er etwas für uns schrieb ... Sobald der Funke gezündet hatte, arbeitete Brecht an dem Projekt, als ob er es selber erfunden hätte.«

Nicht nur die Anregungen der Berlau waren wichtig für Brecht, sondern auch die einfühlsame Art ihrer Kritik: »An Brecht kam Kritik nur heran und wurde verwendbar, wenn sie in großer Liebe vorgebracht wurde ... Es gab Zeiten, in denen man nichts Negatives sagen durfte ... Bei einer späteren Gelegenheit konnte ich diese Einwände vorbringen. Hätte ich gleich etwas gesagt, hätte Brecht nicht weitergeschrieben.«

Ruth Berlau selbst mochte die Geschichten von Lai-tu und Kin-jeh nicht besonders. Nicht nur, daß sie sich in einigen davon ungerecht behandelt fühlte, sie wollte vor allem eigentlich den »Abstand« nicht, den Brecht immer wieder forderte. Seinen philosophischen Rationalismus empfand sie als schmerzvoll: »Ken-jeh suchte seinen Gleichmut zu bewahren; Lai-tu suchte ihn daraus zu bringen. ›Verträgt sich denn Gleichmut mit Liebe?‹ fragte Lai-tu. Ken-jeh antwortete: ›Ja.‹« Für sie war es weniger offensichtlich als für Brecht, daß erst der »Abstand« Energien für den Kampf um eine bessere Welt freizusetzen vermag.

»Me-ti sagte sagte über die Liebe Lai-tus zu Ken-jeh: Lai-tus Liebe zu Ken-jeh reichte aus, ein ganzes Volk glücklich zu machen. Je mehr sie sich in diese Richtung bewegte, desto glücklicher könnte sie Ken-jeh machen.«

Die Geschichten von Lai-tu und Kin-jeh haben wie das eingangs zitierte Gedicht *Ardens sed virens*, das thematisch mit ihnen verwandt ist, in Wirklichkeit keinen Erzähl-, sondern Beschwörungscharakter. In dieser Beziehung sollte es Brecht nicht gelingen, den »Abstand« auf gütliche Weise durchzusetzen: Ruth Berlau zerbricht daran.

Mit ihrem phantasievollen politischen Aktivismus einerseits und ihrer im Grunde sehr traditionellen Weiblichkeit gibt Ruth Berlau – wie Marieluise Fleißer – eine Identifikationsfigur für eine bestimmte feministische Strömung ab. Das Bild des intellektuell ausbeutenden, im Grunde gefühlskalten Mannes scheint sich in der Beziehung zu Ruth Berlau besonders aufzudrängen, selbst für NußbaumKlein, die einen gleichberechtigten »partnership« zwischen Brecht-Weigel und Brecht-Steffin durchaus zu würdigen weiß.

Die tragische Dimension, die das Verhältnis zwischen Brecht und Berlau nach und nach annehmen sollte, beruhte in der Tat jedoch auf zu unterschiedlichen psychischen Dispositionen. Ruth Berlau sagt in ihren Erinnerungen von sich selbst: »Ich war sehr sentimental. In dieser Beziehung habe ich wohl nicht sehr viel von Brecht angenommen, denn ich bin immer noch sehr sentimental.« Das eigentliche Geheimnis der Dauer dieser Liebe (schon etwa zehn Jahre vor ihrem Ausklingen: »Tue mir also den Gefallen und liebe mich nicht zu sehr.«) mag in einem Gesetz der Psychologie liegen, das darin besteht, daß wir oft gerade von den Zügen eines Menschen angezogen werden, die wir theoretisch ablehnen, in uns selbst womöglich bekämpft haben. Brechts lang währende Beziehung zu Ruth Berlau kann auch als konsequente Inkonsequenz angesehen werden, als Zeichen für die faktische »Offenheit« seiner scheinbar so kohärenten Denk- und Gefühlswelt.

Im amerikanischen Exil blieb Brecht, der auf die Verwirklichung seiner Filmprojekte hoffte, mit Helene Weigel und den Kindern im kalifornischen Santa Monica, in der Nähe Hollywoods. Berlau berichtet, wie wichtig es ihr war, »daß ich unabhängig bin und meinen Lebensunterhalt selbst verdiene und nicht immer als Anhängsel Brechts behandelt werde«. Deshalb zog sie nach New York, wo sie die Möglichkeit hatte, in antifaschistischen Organisationen und beim Rundfunk zu arbeiten. Es verstrich ein halbes Jahr, bis Brecht selbst die Mittel hatte, um sich eine Reise nach New York erlauben zu können. Das Leben allein in New York, die ursprünglich selbstgewählte Entfernung – was ja auch ein Opfer an die »dritte Sache« war – fiel indes der Berlau nicht leicht. Zur Stärkung schickte ihr Brecht ein Gedicht, aus dem wohl berechtigte Sorge klingt.

Ruth

Und es sind die finstern Zeiten
In der andern Stadt
Doch es bleibt beim leichten Schreiten
Und die Stirn ist glatt.
...

Die langen Perioden der Einsamkeit gingen immer mehr über die Kräfte Ruth Berlaus. Sie geriet in eine Eifersuchtspsychose, die sich immer wieder zu der Zwangsvorstellung steigerte, daß Brecht sie nicht mehr »gebrauchen« könne, abschieben wolle. Seine Briefe zeigen indes, daß er beharrlich und schließlich ebenfalls verzweifelt gegen dieses aufkommende Mißverständnis anzukämpfen suchte: »... anscheinend bist Du entschlossen, alles zu tun und nichts zu unterlassen, um mich zu wirklicher Bitterkeit zu bringen. Willst Du wirklich aus dem Exil nichts anderes machen als nur eine unendliche Lovestory mit Auf und Ab, Vorwürfen, Zweifeln, Verzweifelungen, Drohungen usw. usw.?« (Juni 1942).

Der Sohn, den Ruth Berlau 1944 zur Welt brachte, sollte Michel heißen, wie das Kind im *Kaukasischen Kreidekreis*, für dessen Entstehen der Dialog zwischen Brecht und Berlau noch einmal fruchtbar gewesen war. Zu früh geboren, starb das Kind jedoch noch im Krankenhaus. Brecht, der der Geburt offenbar mit zwiespältigen Gefühlen entgegengesehen hatte – Ruth Berlau gegenüber zeigte er große Freude, wollte aber seinen Bekannten gegenüber die Schwangerschaft geheimhalten –, versuchte zu trösten: »Sei nicht mehr traurig über Michels Tod, wenn wir nach Berlin kommen, adoptieren wir sofort ein Kind.«

Und obwohl er immer wieder versicherte: »Unter keinen Umständen plane ich ohne dich«, führte das wachsende Mißtrauen Ruth Berlaus zu wachsender Entfremdung. Die Beziehung bleibt zwar weiterhin bestehen, aber als ein beide Seiten immer mehr zermürbender Kampf um ihre Bedingungen.

Leben und Arbeit in Berlin bedeutete für die Dänin nicht dasselbe wie für Brecht und Weigel: die triumphale Rückkehr in die Heimat. 1951 schrieb sie an Peter Suhrkamp, daß sie »halt keine Freunde hier habe ... Und ich wollte so gern einen Menschen haben, der weiß, wer ich bin und was ich kann. Hier bin ich halt für die Leute Brechts Freundin, die einmal sehr schön war ...« Es stimmt: In Dänemark war Ruth Berlau bekannt, als Schauspielerin, als Journalistin, als profilierte Linke. Dort hatte sie viele Freunde, die sie zu schätzen wußten. Und es stimmt: In Berlin war sie »Brechts Freundin«, die sich nicht damit abfinden konnte und wollte, daß sie nicht die einzige war.

Berlaus anspruchsvolles Gefühlsleben tendierte zum Krankhaften, trieb sie zu immer stärkerem Alkoholkonsum, und für eine kurze Zeit verschlug es sie in eine Nervenklinik. Einmal ließ sie sich sogar dazu hinreißen, Brecht während einer Probe zu schlagen. Aus dessen doch immer weiter verfaßten Briefen und Gedichten für Ruth Berlau wird deutlich, daß er zunehmend ratloser wurde. Auch diese späten Berliner Briefe zeichnet er noch mit »e. p. e. p.«, was für »et prope et procul« stand, »in der Ferne, in der Nähe«. Oder auch mit »j. e. d.«, was »jeg elsker dig« – »ich liebe dich« auf dänisch heißt. Immer noch beschwört er die »dritte Sache«, die sie einander neu verbinden und helfen soll, daß »das Gute erinnert, das Böse vergessen« wird. »So, als träfen wir einander neu, wollen wir versuchen, uns einander angenehm zu machen.«

Das Ausmaß an Bitterkeit, die auch Brecht mehr und mehr erfüllen sollte, wird an diesem Gedicht deutlich, in dem er sich zu einem traurigen Bezug auf den *Guten Menschen von Sezuan* hinreißen ließ, ein Stück, dessen Hauptgestalt ursprünglich viele Züge der Lai-tu getragen hatte.

Veränderung, aber zum Schlechten

I
Oft blicke ich auf in den mannigfachen
Nicht immer beglückenden Sorgen und möchte
Den Rat der Klugen, Freundlichen haben

Der von einst, die so gut
Wußte von der Schneelast, die der ärmlich
Blühende Baum im Winter getragen.

2
Und wie wurden die kleineren Freuden groß
– Fahren im offenen Wagen, ein wohlbereitetes Essen
Ansehn einer gelungenen Fotografie –
Durch die Freude der Lustigen
Von einst.

3
Aber ich lade heute Shen Te
Und es kommt Shui Ta.
...

Ruth Berlau wiederum behauptet, daß Brecht sie vernachlässigt habe, »nicht an seiner Arbeit und an seinen Kämpfen teilnehmen« ließ. Dabei konnte sie auch in den Berliner Jahren nicht über Mangel an Arbeitsaufgaben klagen. Sie fotografierte weiter, war unersetzbare Autorin der Modellbücher, sie übernahm Regieaufträge seiner Stücke im In- und Ausland. Im September 1953 schreibt ihr Brecht nach Kopenhagen, wo sie *Mutter Courage* inszeniert: »Tust Du weiter alles, daß Du den Pfirsichteint erhältst?« Und: »... ich bin immer froh, wenn ich Deine Stimme höre: sie ist ganz wie früher, frisch und nüchtern und voll einer dritten Sache. Ich glaube, daß Du es gut machst.«

Aber Ruth Berlau verzieh Brecht nicht, daß die Beziehung nicht die von ihr gewünschte Exklusivität erhielt, die ihr Brecht im Exil versprochen hatte. Das Psychodrama einer traditionellen bürgerlichen Ehe lebte er somit nicht mit seiner Ehefrau, sondern mit seiner Freundin. Er warf Ruth Berlau schließlich sogar einmal vor, an seinem raschen Altern schuld zu sein. Und wenige Monate

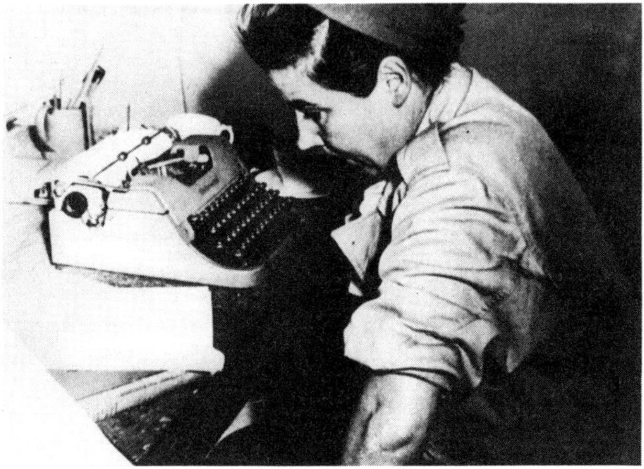

Ruth Berlau

vor seinem Tod fleht er: »Ich wünschte so sehr, Ruth, daß alles zwischen uns wieder würde wie früher, auf einer neuen Basis, da wir ja nicht mehr so jung sind, besonders ich bin es nicht. Da wäre es gut, Dich so wo dabeizuhaben.«

Hans Bunge hat in den Aufzeichnungen von Ruth Berlau ein Gedicht gefunden, das Elisabeth Hauptmann in die Ausgabe der Brecht-Gedichte aufgenommen hat. Es ist also unklar, ob das Gedicht von ihr stammt oder doch von Brecht, zu dessen Gewohnheiten es ja gehörte, Liebesgedichte auch zuweilen aus der Perspektive der Geliebten zu verfassen.

Schwächen

Du hattest keine
Ich hatte eine:
Ich liebte.

Eifersucht – auch eine Naturgewalt?

…
Du lauerst und wirst belauert
Du fischst noch und wirst gefischt
Während die Flamme noch dauert
Wünsche ich, daß sie erlischt.

Ob Eifersucht auch eine Naturgewalt ist oder zivilisatorisch einmal überwunden werden kann, ist eine Streitfrage. Ein Blick zurück ins Tierreich stimmt eher pessimistisch. Und die menschliche Eifersucht geht über die der Tiere noch weit hinaus, weil sie sich nicht allein nur auf mögliche Konkurrenten richtet, sondern schon auf den Partner selbst und oft lange, ehe dieser wirklich Anlaß zur Eifersucht gegeben hat.

Die eigentliche Häßlichkeit dieses die Menschen in graue Vorzeiten zurückwerfenden Gefühls zeigt Brecht in diesem *Letzten Liebeslied.*

Als die Kerze ausgebrannt war
Blieb uns nur ein kalter Stumpen
Als der Weg zu End gerannt war
Schimpften wir uns wie zwei Lumpen.
Beatrice war gestellet
Spitzel wurde ihr Begleiter
Tatbestand ward aufgehellet
Statt der Schwüre floß der Eiter.
Alle Himmel aufzureißen
Nur dem Haß wurd's zum Gewinne
Hinz und Kunz, die großen Weisen
Wußten dies von Anbeginne.

Brecht selbst war in jungen Jahren äußerst eifersüchtig gewesen. Er schrieb: »Wenn ich den kleinsten Zweifel über Bis Unschuld habe, fährt es mir in die Gedärme, und ich beneide den Hiob, so quält mich die Stechfliege.« Und Paula Banholzer selbst berichtet, daß er sie – weil ein junger Leutnant ihr während eines Konzerts den Hof gemacht hatte – anfuhr: »Du hast dich benommen wie eine Dirne!« Kaum daß sie wutentbrannt zu Hause angekommen war, empfing sie jedoch seinen Telefonanruf. Der zur Vernunft gelangte Brecht entschuldigte sich artig und eindringlich. Ein anderes Mal war er aber doch auch wieder in der Lage, einen Papierkorb nach etwaigen Liebesbriefen von Konkurrenten durchzustöbern.

Marianne Zoff erinnert sich: »Er wollte fremdgehen dürfen, ohne daß ich mich darüber aufzuregen hätte. Und ich sollte ihm treu sein. Ein ganz normaler Ehevertrag, wie ihn sich alle Männer wünschen.«

Man kann Bi und Marianne nur dazu gratulieren, Brechts Forderungen in dieser Hinsicht nicht erfüllt und ihre Interessen dort wahrgenommen zu haben, wo sie tatsächlich lagen. Obwohl auch in späteren Jahren noch Eifersucht bei Brecht feststellbar ist, scheint er doch eine gewisse Fähigkeit ihrer Zähmung gewonnen zu haben – zunächst, indem aus eifersüchtigem Ernst eifersüchtiger Humor wird. 1925 schreibt er an Helene Weigel: »Gehe ich Dir ab??? Bist Du auch zurückhaltend gegen die Herrn und ordentlich früh und spät??? Ich will da nichts hören müssen.« Und das schrieb ein Mann, der damals noch anderwärts und nicht gerade unglücklich verheiratet war, abgesehen von weiteren amourösen Bindungen! Es fällt uns eben weitaus weniger schwer anzuerkennen, daß wir selbst immer und überall Amors Pfeilen ausgeliefert sind, als dasselbe beim anderen hinzunehmen. Den möchte man am liebsten gepanzert durch die Welt schicken. Und die menschliche Eifersucht richtet sich nicht allein auf die potentiellen Liebeskonkurrenten, sondern erstreckt sich nicht selten schon auf die Arbeit und Kämpfe, die der andere »in der Welt« liefert und die ihn für unser Empfinden zu stark absorbieren, zu lange und zu weit von uns wegtreiben. Womit wir wieder beim Thema des »Abstands«, der »Autonomie« der Liebenden, wären. Den »Abstand« zuzugestehen fällt auch dem schwer, der ihn für sich selbst fordert. Als Ruth Berlau auf Brechts eigenen Rat hin in den Spanischen Bürgerkrieg fuhr und nicht zur vorgesehenen Zeit zurückkam, erduldete er Höllenqualen.

Ich habe dich weggeschickt, teilzunehmen
An fremden Kämpfen, zu essen
Fremdes Essen von fremder Gabel, zu versuchen
Fremde Männer, zu denken
Fremde Gedanken.

Ich habe dich neugierig gemacht
Und ich habe dich gewarnt.
Ich habe dich festgehalten
Und ich habe dich fortgeschickt.

Wenn du wegbleibst
Wo bleibe ich?
Und wenn du zurückkehrst
Wer kehrt da zurück?

Mir ist kein aufrichtigeres und schöneres Gedicht über die Schmerzen der Eifersucht und – der Emanzipation! – bekannt als dieses. Die Eifersucht tritt uns hier nicht mehr jugendlich-aggressiv entgegen, sondern ist zum inneren Schmerz geworden, der letztlich erduldet wird, weil der Mann das Recht der Geliebten auf ihr eigenes, autonomes Leben nicht nur anerkannt, sondern sogar gefördert hat. Sentiment und emanzipatorische Ratio sind in flagranten

Gegensatz geraten; ein Motiv, das den epochalen Kampf der Geschlechter durchzieht, ist hier zum Ausdruck gelangt. Allein diesen Widerspruch in die Dichtung getragen zu haben ehrt den Dichter schon.

Das selbstkritische Bewußtsein, das Brecht hinsichtlich seiner eigenen Eifersucht entwickelte – und das generell wohl die einzige Möglichkeit darstellt, ihrer Herr zu werden –, war ihm auch einmal ein Sonett wert. Es ist wohl der sehr selbstbewußten Margarete Steffin gewidmet, von der er keinerlei beruhigende Zusicherungen hinsichtlich ihrer Treue erhalten konnte.

Das siebente Sonett

Ich riete dir, dich mir zu überlassen
Und keinen Handel mehr mit dir zu treiben
Doch fürchte ich, du sagst: das laß ich lieber bleiben
Wenn ich das tät, das könnte dir so passen!

Daß du mich dann behandelst wie ein Essen
Das außer *einem* keinen Esser hat:
Er schiebt's vom Teller, denn er ist ja satt.
Was keiner stehlen kann, wird leicht vergessen!

Ich denke so: nach dem Gesetz der Märkte
Das vorschreibt, den Geschlechtsteil auszunützen
Bestünd hier ein Verdacht, den solch ein Rat verstärkte
...

Dein Rat mag gut sein, wirst du sagen, schad
Er ist verdächtig, auch zu unterstützen
Der ihn mir gibt. Gut, ich verschweig den Rat.

Mit der Zeile »Was keiner stehlen kann, wird leicht vergessen« ist ein für das Thema Eifersucht hochwichtiges

Phänomen der menschlichen Psyche angesprochen. Wie dem im Käfig gehaltenen Vogel allmählich das Singen vergeht – und seinem Besitzer die Freude an ihm –, verliert auch der zu eng in Versprechungen und Schwüre eingesperrte Partner seinen Glanz, selbst für den, der ihn da hineingesperrt hat. Häufigste und extremste Form des radikal unterbundenen Weltkontakts ist das Hausfrauendasein, das ja seine besondere Tragik dadurch bekommt, daß selbst dessen hübscheste Vertreterin dem Hausherrn früher oder später langweilig wird, während er, täglich von seiner Abenteuerfahrt aus der »Welt« zurückkehrend, zumeist länger noch ein interessantes Flair behält und sehnsuchtsvoll am Abend erwartet wird.

Da Eifersucht eine zu menschliche Schwäche zu sein scheint, ist es sicher unangebracht, auf diesem Gebiet schlechte Noten auszuteilen. Wohl aber könnten Beispiele ihrer Zähmung wichtig werden. Die Bewältigung von Eifersucht ist ein großes Problem der Erziehung, nicht zuletzt der Selbsterziehung des Individuums. Wem es gelingt, wenig eifersüchtig zu sein, der wird in seinen Beziehungen Reichtum und Dauer ernten – ein Paradox der Psychologie.

Die Bewältigung von Eifersucht darf also nicht mit Resignation verwechselt werden. Sie ist oft das klügste Mittel, den geliebten Menschen an seiner Seite zu halten. Besonders gut ist das Helene Weigel gelungen, obwohl ihr die »Naturgewalt« der Eifersucht auch zuweilen zusetzte. So stellte die Rolle, die Margarete Steffin in Brechts Leben zu spielen begann, für sie durchaus ein Problem dar. In dieser Zeit schrieb ihr Brecht: »Liebe Helli, wir sollten nicht ohne jeden Sinn eine nicht nötige Kluft unnötig verbreitern ... Aber ich habe Dich gern und nicht weniger als je.« Immerhin herrschte zwischen dem Paar genug Vertrauen, daß Brecht den Streit um die Unterbringung der tuberkulosekranken Steffin auf ungewöhnliche Weise zu lösen vorschlägt: »Wie ich Dir sagte und wie ich es auch meinte, war die Unterbringung der Grete eine rein praktische Frage ... Viel lieber wäre es mir gewesen und viel praktischer wäre es gewesen, wenn Du sie wo untergebracht hättest ... Und vielleicht muß sie zwischen Charité und Krim noch einmal wo wohnen. Wo?«

Und Ruth Berlau berichtet über die Zeit in Dänemark, daß sie zunächst die Steffin aufnehmen mußte, weil »es bei ihm drei Monate gedauert hat, bis er der Weigel sagen konnte: ›Die Grete ist auch da.‹« Dazu muß jedoch gesagt werden, daß sich in die Eifersucht auch berechtigte Angst der Weigel mischte, ihre Kinder könnten von der Tuberkulose angesteckt werden.

Ruth Berlau wiederum verfiel – nachdem ihr Margarete Steffin gestanden hatte, daß sie Brecht liebe – nicht sofort in eine Eifersuchtsreaktion, sondern »betrachtete die Umstände mit Sorge«, weil sie »damals Helene Weigel sehr nahe stand«. Sie betont auch: »Grete und ich hatten eine sehr schöne Zeit miteinander.« Und als sie Dänisch gelernt hatte, übersetzte Margarete Steffin sogar Berlaus Roman *Videre* ins Deutsche. Helene Weigel blieb, aus London kommend, noch bei Berlau in Kopenhagen, um »Steffin zu sehen«. Und schließlich richtete sie ihr in Skovsbostrand »ein sehr schönes, mit Möbeln aus dänischer Eiche« ausgestattetes Zimmer ein.

Helene Weigel half Ruth Berlau bei ihren Inszenierungen mit den Arbeitertheatern in Kopenhagen und Stockholm. Sie half auch bei kniffligen persönlichen Dingen wie dem Aufsetzen eines vorteilhaften Scheidungsvertrages. Als sie jedoch dazukam, wie Brecht Berlau die *Moritat vom Reichstagsbrand* vorsang, schaute sie die Berlau »böse an«. Diese hatte aber »kein schlechtes Gewissen und verstand den angstvollen Blick nicht. Jahre später begriff ich ihn sehr wohl. Die Weigel kannte natürlich Brechts Gewohnheiten und wußte, daß er so zu werben pflegte.«

Dennoch blieben die Beziehungen der beiden Frauen noch lange fest genug, um eher Brecht in Eifersucht zu versetzen. Berlau berichtet, daß er es nicht mochte, wenn sie abends weiter plauderten, nachdem er sich schon zurückgezogen hatte. »Er war unglaublich neugierig, und fürchtete immer, etwas zu verpassen, wenn er nicht dabei war. Einmal habe ich ihn überrascht, als er, im langen Nachthemd, durchs Schlüsselloch guckte. Er wollte feststellen, was wir ohne ihn unternehmen.«

Für Ruth Berlau war und blieb die Weigel die größte Schauspielerin der Epoche. Als sie nach dem Kriege zum erstenmal wieder auf der Bühne stand – als Antigone – war es Berlau, die das Stück durchfotografierte, wobei ihr vor Rührung der Film riß, denn »ein Schalter, um unsere Tränen abzustellen, ist noch nicht erfunden«.

Infolge der Skandale, die Ruth Berlau in der späten Berliner Zeit provozierte, zerbrachen die Beziehungen zwischen ihr und der Weigel freilich völlig, wodurch sich die Tragödie der Berlau noch vergrößerte. Nach Brechts Tod wurde ihr der Arbeitsvertrag im Berliner Ensemble gekündigt; sie erhielt sogar Hausverbot. Trotzdem hat Ruth Berlau versucht, in ihren Hans Bunge erzählten Memoiren ein objektives Bild zu zeichnen, das nicht auf die Darstellung des persönlichen Konkurrenzverhaltens zielte, sondern auf die menschliche, politische und künstlerische Größe der Weigel.

Daß Frauen ihre Eifersucht beherrschen und sogar in mancherlei Produktivität verwandeln können, ist zwar nicht typisch, aber doch auch nicht ganz neu. Wichtiger sind die Hinweise, daß sich auch Brecht letztlich mit Übertretungen gegenüber seinen Treuewünschen stets abgefunden hat, und zwar, wie wir mehrfach gesehen haben, schon von Jugend an und mit zunehmendem Alter immer leichter. Den alten, nach Berlin zurückgekehrten Brecht traktierte die »Stechfliege« wohl weniger. Wir täten indes gut daran, folgende Verse nicht allein als Altersweisheit anzusehen.

Und das Lächeln, das mir galt
Gilt nun einem andern
Konnte ich's nicht behalten halt
Muß ich's lassen wandern.

Liebe als Massaker, Liebe als Kunst

Was druckt es keiner von euch in die Zeitung
Wie gut das Leben ist! Maria Hilf:
Wie gut ist Schiffen mit Klavierbegleitung
Wie selig Vögeln im windtollen Schilf!

Peter Hacks äußerte einmal in einem Gespräch, daß man doch heutzutage keine Sonette mehr schreiben könne. Brecht widersprach und führte an, daß er selbst viele Sonette geschrieben habe. »Meines Wissens aber nur zu parodistischen Zwecken!« antwortete Hacks, worauf Brecht konterte: »Auch zu pornographischen!«

Welche Überraschungen sich hinter dieser schon lange bekannten Anekdote verbargen, ahnte indes niemand. Brecht hat seine deftigen Verse selbst nicht veröffentlicht. Sie gelangten erst vor kurzem, fast dreißig Jahre nach seinem Tode, an die Öffentlichkeit und stellen wohl die letzte (?) Provokation dar, die er seinem Publikum zumutet.

Sonett über einen durchschnittlichen Beischlaf

Bis ich dich endlich übern Stuhle habe
Hoff ich, du seist endlich die ausgesiebte
Und etwas nässer als die, die ich liebte.
(Es pflanzt die Hoffnung, ach, uns noch am Grabe!)

Ich seh: es geht. Ich hoffe: nicht zu schnell!
Von nun an denk ich immer nur an ihn!
(Gut: weniger Lieb und weniger Vaselin)
Dafür bricht der jetzt Schweiß aus ihrem Fell!

Ach, du verglichst mich schon mit einem Pferde
Vor fünf Minuten! Wie ich darauf scheiße!
Dieweil ich sinne, wie ich fertig werde
Nennst du mich Emil, der ich nicht so heiße!

Dies alles ist in höhrem Sinne schnuppe
Im Schweiß des Antlitz' koch ich meine Suppe!

Daß Brechts Dichtung auch Derbes enthielt, ist schon seit dem *Baal* bekannt. Wird hier nun aber nicht doch die Grenze überschritten, die man die »Würde der Frau« oder ganz allgemein die »Menschenwürde« nennt? Obwohl ich selber stets bereit war, meinem alten Dichterliebling einiges nachzusehen, war ich zunächst auch schockiert. Aus der ersten Verwirrung bin ich erst herausgekommen, als ich mir klarmachte, daß lyrisches und wirkliches »Ich« in der Welt der Dichtung nicht immer übereinstimmen. Denn die Brutalität dieser Verse wollte in das Persönlichkeitsbild nicht passen, das ich mir aus Tagebüchern und Briefen von Brecht gemacht hatte. Auch in ganz jungen Jahren war er zwar ein vielerorts engagierter, aber doch warmer und zärtlicher Liebhaber gewesen.

Die strenge Form des Sonetts (Reimschema ABBA–ABBA–CCD–EDE oder EED), die die semantischen Ausdrucksmöglichkeiten sehr beschränkt (selbst Goethe sagte ja, daß er hier zuweilen »leimen« müsse), ist auch für versierte Dichter nur schwer realisierbar. Brechts erstaunlich häufige Wahl der Sonettform gerade für deftige Dichtungen läßt darauf schließen, daß es ihm mit diesen »Inhalten« doch ernst gewesen ist. Ein unlösbarer Widerspruch?

Nachforschungen ergeben, daß die eingangs zitierte Dichtungen zu der ersten, zwischen 1925 und 1927 entstandenen Sonettgruppe, den *Augsburger Sonetten*, zählt, die nicht alle in Augsburg entstanden, da Brecht damals zumeist schon in Berlin war. Daß er diese Sonette keineswegs im verborgenen verfaßte, geht aus folgender Passage eines Briefes an Helene Weigel (datiert: Augsburg, 6. August 1927) hervor: »Ich arbeite am *Fatzer* sehr langsam, aber nicht schlecht. Außerdem wie immer, wenn unbeschäftigt und verwaist, pornografische Sonette.«

Klaus Schuhmann und Jan Knopf belegen, daß Brecht sich damals von den *Luxuriösen Sonetten* des Pietro Aretino (1492–1550) inspirieren ließ, der erste große und zugleich populäre Renaissancepoet, der – weil er aus einem Schusterhaushalt stammte – keine solide humanistische Bildung mehr hatte. Die unmittelbare Nachahmung der Natur war ihm der einzige Weg zur Kunst, und er war sich auch nicht zu schade, in der Dichtung ein besonders schamloser Apologet der Fleischeslust zu sein. Das Sonett war also zunächst eine Form, in der sich die vulgäre Sprache des Volkes dichterisch artikulierte.

Brecht hatte vorgehabt, seine erste Sonettserie zu veröffentlichen. Das Augsburger Verlagshaus Lampart & Co. hatte schon Bürstenabzüge für einen – schließlich doch fallengelassenen – Privatdruck hergestellt. Die im Brecht-Archiv zum Teil vorhandenen Bürstenabzüge lassen immerhin erkennen, daß es sich bei der geplanten Edition – deren vollständiger Inhalt leider nicht rekonstruierbar ist – nicht nur um Sonette handelte, die im Grenzbereich zur Pornographie zu liegen scheinen. Einbezogen werden sollten auch andere Themen, wie zum Beispiel ein Sonett über die Hinrichtung des Raubmörders Josef Klein oder auch über eine *Kuh beim Fressen*. Ein Sonett *Über Mangel an Bösem* offenbart einen – sogar für Brecht-Kenner überraschenden Geschichtspessimismus.

Ich war von Kindheit immer für das Böse
Die Menschheit ist ja haltbar: Ohne Wunden

Ging sie dumm grinsend über alle Runden
Mit ihrem Timur: harmloses Getöse!
...

Zwei der damals zur Publikation vorgesehenen Sonette handeln von der vollkommenen »inneren Leere« des Individuums in einer »rohen Welt«.

...
Am meisten sucht' ich Unempfindlichkeit
Doch fand ich einen, der nicht sein Gesicht verlor
In roher Welt, so hatte er kein Ohr.
Verlor er nicht sein Herz, so war er nicht gescheit.
...

Mit dieser letztlich doch nicht zustande gekommenen Edition von Sonetten sollte also kein Raritätenkabinett für Lüsternheiten in ausgefeilter künstlerischer Form geschaffen werden, sondern vielmehr ein wesentlich umfangreicheres Panoptikum über den ethischen Zustand der Epoche insgesamt, zu deren Übeln Brecht damals schon den Verfall der Liebe gerechnet hat. 1922 hatte er im Vorwort zu *Trommeln in der Nacht* geschrieben: »Das Gebiet der Erotik ist in der bürgerlichen Gesellschaft erschöpft.« Brechts damalige Nähe zur Neuen Sachlichkeit bedingte in den Sonetten eine auch für ihn außergewöhnliche Kälte des Stils, den »objektivistischen« Ton des Verses, der uns als drastischer Naturalismus entgegenschlägt wie auch im Sonett: *Ein Mann bringt sich zu Bett.*

...
Er stopft mit dickem Daumen einen Pfeifenkopf
Schiebt in ein gelbliches Gebiß den Stiel mit Knack
Läßt ganz abwesend den Urin in einen Topf

Sperrt ihn in einen Kasten und entzündet den Tabak
Und plötzlich merkt er, daß er nichts mehr sieht
Steigt schnell ins Bett und zieht hervor sein Glied.

Das pornographische Element in diesen Sonetten sollte nicht schlechthin Provokation sein, sondern die Gesellschaft ins innerste Mark treffen: An diesen Versen sieht man es deutlich, das wirkliche Thema dieser Dichtungen ist die Einsamkeit, zu welcher der Mensch in einer würdelosen Gesellschaft verdammt ist. Ein Moralist will der Dichter hier sein, allein durch Darstellung von ungeschminkter Realität Unruhe erzeugen. Daß diese Methode beim Publikum Irrtümer hervorrufen kann, hat er womöglich selbst gespürt – die Sonette blieben ja unveröffentlicht. 1954 schrieb Brecht *Bei der Durchsicht meiner ersten Stücke* über *Trommeln in der Nacht* einige Sätze, die auch für die *Augsburger Sonette* zutreffen könnten: »Ich sehe heute, daß mich mein Widerspruchsgeist ... dicht an die Grenze des Absurden herangeführt hat. Die Oh-Mensch-Dramatik dieser Zeit (Expressionismus – S. K.) mit ihren unrealistischen Scheinlösungen stieß den Studenten der Naturwissenschaften ab.« Auch in den Gedichten dieser Jahre hatte der zeitweilige Medizinstudent Brecht in der Tat die bürgerliche Gesellschaft von einem »naturwissenschaftlichen« Standpunkt aus behandelt: wie einen Toten, der zu sezieren ist.

Wie ernst es Brecht – trotz aller späteren Relativierungen – mit seinen frühen derben Sonetten gewesen war, zeigt ein Brief vom 29. August 1953 an seinen Jugendfreund Hans Otto Münsterer, der einen Teil der alten Augsburger Bürstenabzüge verwahrte. Brecht bat ihn, Fotokopien davon an Walter Nubel in die USA zu schikken. »Er hat ja eine nahezu komplette Sammlung meiner Arbeiten, wie ich sie ja seit langem nicht mehr habe. Bei der rapiden Entwicklung unserer Physik in der Richtung auf Zerstörungsmittel ist es vielleicht nicht schlecht, an verschiedenen Punkten der Erdoberfläche das eine oder andere, was Mühe gekostet hat, zu haben.«

Die *Augsburger Sonette* entstanden genau zu der Zeit, als Brecht begann, sich der Arbeiterbewegung anzunähern, was schnell auch zu grundlegenden Wandlungen in seinem Stil führen sollte. Der objektivistische, bewußt auf tiefsten Frost unterkühlte Tonfall reicht nun für seine Ziele nicht mehr aus, da er kein breites Publikum damit erreichen kann. Folgender Ende der zwanziger Jahre – also nur wenig später – entstandene Text behandelt dasselbe Thema wie die *Augsburger Sonette*. Uns tönt aber jetzt die bekannte warme »Lehrerstimme« entgegen, die Brecht von nun an oft in seinen Dichtungen hören läßt. Die den Ausdruck beschränkende Sonettform wurde fallengelassen.

Das Gehaben der Märkte hat es mit sich gebracht, daß
Die physische Liebe verkümmert und das Verhältnis
der Geschlechter
In Abhängigkeit geraten ist von allerlei Vorstellungen
So daß auf physische Art, durch Berührung mit der
Hand
Oder der Ton der Stimme, nichts mehr ausgerichtet
wird.
Nur mehr durch bestimmte Vorstellungen wird
Der Geschlechtsteil der Frau naß oder bleibt trocken.
Der Wunsch ausgebeutet zu werden, oder der Wunsch
Nicht ausgebeutet zu werden
Hemmen die Wirkungen der Berührungen
Gewisse Vorteile erregen mehr die Physis als alles
andere.
Sie erwarten nicht, beisammenliegend, die Folgen der
Wärme
Die sacht streichelnde Hand erweckt nicht das
Begehren

Unter ihr richtet nicht mehr die Brust sich auf
Noch öffnen sich den drängenden Knien die Knie
Keine Welle der Zuneigung spült
Die Gedanken hinweg
...

Brechts bewußte Hinwendung zur Arbeiterklasse beschränkte sich nicht auf die politische Dimension. Gerade in der Zeit, als er zu ihr stieß, begann die Arbeiterklasse auch gegen die sie unterdrückende Prüderie und den Puritanismus aufzubegehren: In den Arbeiterorganisationen gewannen Sport und Freikörperkultur eine enorme Beliebtheit. Der Kampf gegen den Paragraphen 218, das reaktionäre Abtreibungsgesetz, schwoll an. Wie leidenschaftlich sich Brecht für das allgemeine Recht auf eine befreite Sexualität einsetzte, zeigt sein Film *Kuhle Wampe*, aber auch das Gedicht *Herr Doktor.*

...
Herr Doktor, wo soll ich denn liegen ...
Frau Renner, quasseln Sie nicht
Erst wollen Sie das Vergnügen
Und dann wollen Sie nicht Ihre Pflicht.
Und wenn wir mal was verbieten
Dann wissen wir schon, was wir tun
Und drum sei'n Sie mal ganz zufrieden
Und lassen Sie das mal unsere Sache sein, ja? Und nun
Seien Sie mal 'ne nette kleine Mutter
Und schaffen mal'n Stück Kanonenfutter
Dazu ham Sie'n Bauch, und das müssen Sie auch
Und das wissen Sie auch
Und jetzt keinen Stuß
Und jetzt werden Sie Mutter und Schluß.

Derbe Sonette und sonettähnliche Dichtungen hat Brecht jedoch auch in späteren Lebensphasen noch verfaßt. Obwohl sie auf den ersten Blick zum Teil nur schwer von den *Augsburger Sonetten* zu unterscheiden sind, lohnt sich eine solche Unterscheidung doch, weil sie eine andere interessante Zielsetzung offenbaren.

Die neue Serie von Sonetten, die zwischen 1933 und 1939 entsteht, kann – im Gegensatz zu den »*Augsburgern*« auf Grund vielfacher Indizien als biographisch verankert gelten: Die meisten – wenn nicht alle – sind wohl der Liebesbeziehung zu Margarete Steffin zuzuordnen. Daß er sich gerade hier wieder zur mühevollen Sonettform entschloß, lag sicher in der Persönlichkeit dieser Geliebten begründet. Sie war sein unerbittlicher Kontrolleur, nicht nur in inhaltlichen, sondern auch in formalen Fragen. Sie ehrte er mit der besonders schwierigen Form. Zu erinnern ist jedoch, daß die Sonette für Margarete Steffin nicht nur erotischen Charakter trugen. Die bereits im Steffin-Kapitel abgedruckten Beispiele zeigen, daß das Ensemble dieser Sonette den ganzen Reichtum und auch die Probleme dieser Beziehung zu fassen versuchte.

Beim flüchtigen Überfliegen wirken die erotischen Gedichte dieser Zeit den *Augsburger Sonetten* ähnlich. Aufmerksames Lesen führt jedoch zu dem Eindruck, daß hier ein echter Liebesakt beschrieben wird.

Liebesgewohnheiten

Es ist nicht so, daß der Genuß nur bleibt.
Oftmals verspürt, steigt er noch oftmals an.
Daß noch einmal zu tun, was wir schon oft getan
Das ist es, was uns so zusammentreibt.

Dies kleine Zucken deines Hintern, längst
Erwartet schon! Oh, deines Fleisches List!

Dies angenehme, was das Zweite ist
Wonach du mit erstickter Stimme drängst!

Dies Aufgehn deiner Knie! Dies sich Begattenlassen!
Dies Zittern dann, durch das mein Fleisch erfährt
Daß kaum gestillte Lust dir wiederkehrt!
Dies faule Drehn! Dies lässig nach mir fassen
Wenn du schon lächelst!
Ach, so oft man's tut:
Wär's nicht schon oft getan, wär's nicht so gut!

Hier wird kein pornographischer Voyeurblick heraufbeschworen, sondern kunstvoll erzählt, was viele Menschen täglich gerne machen. Der anfängliche Schock rührt daher, daß es einmal dichterisch offen und vollendet ausgedrückt wird. Und hierin liegt wohl ein besonderes Motiv dieser Sonettserie: Brecht will Intimstes als Schönheit benennbar machen. Das Schweigen beim Liebesakt, die Unbenennbarkeit und Sprachlosigkeit, von denen er allgemein umgeben ist, offenbart sich als der deutlichste Ausdruck des puritanischen Geistes, in dem er oft auch in unserer Zeit noch stattfindet.

So verwundert es nicht, daß Brecht bei seiner in Formfragen schließlich besonders anspruchsvollen Freundin – auf Skepsis stieß.

Das dritte Sonett

Als ich schon dachte, daß wir einig wären
Gebrauchte ich, fast ohne drauf zu achten
Die Wörter, welche meinten, was wir machten
Und zwar die allergemeinsten, ganz vulgären.

Da war's, als ob von neuem du erschrakst
Als sähst du jetzt erst, was das, was wir machten, sei

In vielen Wochen, die du bei mir lagst
Lehrt ich von diesen Wörtern dir kaum zwei.

Mit solchen Wörtern rufe ich den Schrecken
Von einst zurück, als ich dich frisch begattet.
Es läßt sich länger nunmehr nicht verdecken:
Das Allerletzte hast du da gestattet!
Wie konntest du dich nur in so was schicken!
Das Wort, für das, was du da tatst, war:

Finesse und Humor gegenüber der Adressatin und allen späteren Lesern drücken sich hier dadurch aus, daß das vulgäre Wort noch einmal – aber wohl zum letztenmal – verschwiegen wird, als notwendiger Reim sich jedoch aufdrängt. Ein Geniestreich!

Die bürgerlich-puritanische Sprache hat kaum Vokabular zur Verbalisierung des Liebesaktes hervorgebracht. Dem Liebhaber und dem Dichter bleibt entweder das Schweigen oder das traditionelle Wortmaterial der unteren Volksschichten, für das sich Brecht, anknüpfend an Aretino, sicher nicht zufällig entschieden hat. Dieses in den Sonetten von 1925 bis 1927 kritisch und provokatorisch benutzte Wortmaterial will hier im wirklichen Liebesgedicht freilich in Volkstümlichkeit umschlagen. Eben das versucht Brecht seiner Freundin klarzumachen, indem er einen Bezug zum Dichtervater Dante herstellt, welcher ja der allererste gewesen war, der im 13. Jahrhundert die italienische Volkssprache zur Dichtungssprache erhoben hatte.

Das dreizehnte Sonett

Das Wort, das du mir oft schon vorgehalten
Kommt aus dem Florentinischen, allwo
Die Scham des Weibes Fica heißt. Sie schalten
Den großen Dante schon deswegen roh

Weil er das Wort verwandte im Gedichte.
Er wurd beschimpft drum, wie ich heute las
Wie einst der Paris wegen Helenas
(Der aber hatte mehr von der Geschichte!)

Jedoch du siehst jetzt, selbst der düstere Dante
Verwickelte sich in den Streit, der tobt
Um dieses Ding, das man doch sonst nur lobt.

Wir wissen's nicht nur aus dem Machiavelle:
Schon oft, im Leben wie im Buch, entbrannte
Der Streit um die mit Recht berühmte Stelle

Im Eifer, seinen Benennungswunsch zu legitimieren, hat Brecht hier allerdings zu einer pseudoetymologischen Ableitung gegriffen. Das »Wort«, das im Mittelhochdeutschen »reiben« und »hin- und herbewegen« – übrigens auch »Tasche« – bedeutete, nahm erst im 16. Jahrhundert den heutigen Sinn an.

Ein Teil von Brechts erotischen Sonetten könnte auch als überpersönlicher Wegweiser in ein Gebiet verstanden werden, mit dem es bis in unsere heutigen Tage nicht zum Besten bestellt ist. Patriarchalische Konventionen haben jahrhundertelang das Liebesspiel auf den Fortpflanzungsakt oder rein männliche Phantasmen beschränkt und auch nur ebendiese Bilder von der Liebe in der Kunst zugelassen. Wie sehr dieses patriarchalische, vor allem für die Lust der Frau nachteilhafte Bild auch die heutige Kultur noch bestimmt, wird klar, wenn man sich ein paar Bettszenen aus dem »anständigen« Kino in Erinnerung ruft, die wohl ebenso falsch wie die des »pornographischen« Kinos sind. Die Liebenden, insbesondere die Damen, zerschmelzen ziemlich rasch, gewissermaßen wie vom Zauberstab berührt (es darf gelacht werden). Wahrscheinlich wäre es ratsam, den Quatsch lieber ganz wegzulassen, als noch einmal eine Generation von jungen Leuten auf die falsche, oberflächlich »romantische« Fährte zu setzen. Alle sentimentalen, von einem automatisch eintretenden Gleichklang zwischen den dahinschmelzenden Liebenden ausgehenden Vorstellungen fallen schnöde zusammen, wenn Brecht seinen Orge »Von den Orgasmen, die ungleichzeitigen« kaltschnäuzig bevorzugen läßt oder gar die Autonomie des Körpers beschwört, die die Geliebte erwerben muß, um zur Erfüllung vorzustoßen.

Das neunte Sonett

Als du das Vögeln lerntest, lehrt ich dich
So vögeln, daß du mich dabei vergaßest
Und deine Lust von meinem Teller aßest
Als liebtest du die Liebe und nicht mich.

Ich sagte: Tut nichts, wenn du mich vergißt
Als freutest du dich eines andern Manns!
Ich geb nicht mich, ich geb dir einen *Schwanz*
Er tut dir nicht nur gut, weil's meiner ist.

Wenn ich so wollte, daß du untertauchst
In deinem eignen Fleische, wollt ich nie
Daß du mir eine wirst, die da gleich schwimmt
Wenn einer aus Versehn hinkommt an sie.
Ich wollte, daß du nicht viel Männer brauchst
Um einzusehn, was dir vom Mann bestimmt.

Brecht hat die unerotische Kälte, zu der die Frauen seiner Zeit durch Erziehung und Umwelt verdammt waren, zutiefst betroffen. Zusammen mit Ruth Berlau schrieb er an einer Novellensammlung über die Frigidität der Frauen (*Jedes Tier kann es*), für dessen Veröffentlichung sich lange

Zeit nur pornographische Verlage interessierten. Auch darin spiegelt sich das tiefe gesellschaftliche Mißverständnis wider, das diese ganze Problematik noch beherrscht.

Allein es gibt auch hie und da Hoffnungsschimmer. Daß Brechts Liebeslyrik nicht allein prüde Gemüter erhitzt, sondern mithilft, bisher verschollene Künste auf gesellschaftlicher Ebene wieder salonfähig zu machen, zeigt eine erstaunliche, mir aus Brandenburg zugegangene Interpretation zu einem besonders heißen Gedicht, das auch in meinen Augen die Grenze zur Pornographie überschritten hatte und sich überhaupt nur rechtfertigen ließ, wenn man es als den Spaß aufzufassen bereit war, der es zu sein vorgibt. 1948 verfaßt, hatte Brecht es mit »Thomas Mann« signiert, dessen eingefleischte »gute Bürgerlichkeit« ihn zur Weißglut brachte und die er offensichtlich mit allen Mitteln zu bekämpfen entschlossen war.

Über die Verführung von Engeln

Engel verführt man gar nicht oder schnell.
Verzieh ihn einfach in den Hauseingang
Steck ihm die Zunge in den Mund und lang
Ihm untern Rock, bis er sich naß macht, stell
Ihm das Gesicht zur Wand, heb ihm den Rock
Und fick ihn. Stöhnt er irgendwie beklommen
Dann halt ihn fest und laß ihn zweimal kommen
Sonst hat er dir am Ende einen Schock.

Ermahn ihn, daß er gut den Hintern schwenkt
Heiß ihn dir ruhig an die Hoden fassen
Sag ihm, er darf sich furchtlos fallen lassen
Dieweil er zwischen Erd und Himmel hängt –

Doch schau ihm nicht beim Ficken ins Gesicht
Und seine Flügel, Mensch, zerdrück sie nicht.

Und in diesem auch mir männlich-brutal erscheinendem Sonett konnte Ingeborg Arlt doch noch eine letztlich korrekte, das heißt zärtliche Version des Liebesspiels erkennen: Das in der kunstvollen Form des englischen Sonetts abgefaßte Gedicht sollte aber rückwärts, das heißt von unten nach oben interpretiert werden. Die »Flügel«, die nicht zerdrückt werden dürfen, meint Ingeborg Arlt, stünden zweifellos für den Respekt vor der Person des Engels, für die Achtung, die im wirklichen Liebesakt unabdingbar ist. »Die Flügel! Nichts Geringes, nicht wahr? Die Flügel. Und das, nachdem der Engel sich ruhig fallenlassen durfte. Nachdem ihm angeraten worden war, auch ja gut den Hintern zu schwenken, welches zweckmäßige Verhalten schließlich nicht allein dem Verführer, sondern dem Engel selber zugute kommt. Und nachdem der Verführer einem Schock des Engels besorgt vorgebeugt hat, indem er ihn zweimal ›kommen‹ ließ. (Seufzzz! Engel müßte man sein!)« Wird das Gedicht so liebevoll interpretiert, entrüstet vielleicht auch der scheußliche Hauseingang auf den zweiten Blick weniger.

Wenn Frauen bereits so unbefangen und humorvoll in heißen Gedichten herumspazieren können, ist das alte Gebäude des Puritanismus und der Prüderie wirklich ins Wanken geraten. Und wer sich hineinwagt in den tiefen, zuweilen etwas widersprüchlich verwachsenen Wald der Brechtschen Erotica, wird auf alle Fälle bereichert wieder heraustreten.

Eine weitere Anekdote aus den fünfziger Jahren lautet folgendermaßen: »Unter den Schülern von Herrn B. brach ein Streit über die Frage aus, ob die Verse von der Wirtin an der Lahn zur Literatur gehörten. Es herrschte die Meinung vor, sie wegen ihrer Obszönität nicht dazuzurechnen … Herr B. wurde um Rat gefragt. Er antwortete würdevoll: »Jeder deutsche Dichter, der auf sich hält, wird Wirtinnenverse machen. Ich habe das Meine getan.«

Wahrscheinlich bezieht sich Brecht hier vor allem auf Goethe, als dessen direkten Nachfahren er sich von Jugend auf so und so betrachtet hatte. In der Tat bieten die in populären und Schülerausgaben nicht enthaltenen Paralipomena des *Faust* einige mehr als handfeste Überraschungen. Sie sind dankenswerterweise vor kurzem in die moderne Walpurgisnacht von Irmtraud Morgners Hexenroman *Amanda* eingeflossen und damit zum erstenmal einem breiteren Publikum zugänglich.

Satan zu den Hexen:

Für euch sind zwei Dinge
Von köstlichem Glanz
Das leuchtende Gold
Und ein glänzender Schwanz.
Drum wißt euch, ihr Weiber,
Am Gold zu ergetzen
Und mehr als das Gold noch
Die Schwänze zu schätzen!

...
Seid reinlich bei Tage
Und säuisch bei Nacht
So habt ihr's auf Erden
Am weitsten gebracht.

Brechts Bemühen, den Liebesakt zu verbalisieren, würde heutzutage von jedem Psychologen unterstützt werden. Allein in der menschlichen Praxis kommt die Sache nur langsam voran: Das vulgäre Wortmaterial kann, soviel es will, von Nationaldichtern wie Goethe und Brecht legitimiert werden, es behält für viele den Beigeschmack von Kneipenobszönität und wird weiterhin von diesen gescheut. Dagegen kommt ein gewisses wissenschaftliches

Vokabular in Schwung. Statt dem von Brecht und Goethe vorgeschlagenen »Schwanz« wird »Penis« gesagt usw. Dieses wissenschaftliche Vokabular ist zwar sicher besser als gar keines, wird sich aber den Verdacht gefallen lassen müssen, eine abgeschwächte Form der alten Prüderie darzustellen. Möglicherweise stehen wir am Beginn einer Epoche, in der sich die Liebespaare vielleicht öfter als früher ihre eigenen Worte schaffen – in die Dichtung sind sie jedoch noch nicht weit vorgedrungen. Daß aber das allgemeine Bedürfnis nach Benennung des so lange Unbenennbaren anwächst, mag die hier erstveröffentlichte dichterische Entgegnung von Ingeborg Arlt auf eines der harten, noch zu den »Augsburgern« zählenden Sonette bezeugen. Zunächst Brechts Verse.

Sonett Nr. 15
(Über den Gebrauch gemeiner Wörter)

Mir, der ich maßlos bin und mäßig lebe
Gestattet, Freunde, es euch zu verweisen
Mit rohen Wörtern so um euch zu schmeißen
Als ob es daran keinen Mangel gäbe!

Beim Vögeln können Wörter Lust erregen:
Den Vögler freut es, daß das »vögeln« heißt.
Wer mit dem Wort zum Beispiel um sich schmeißt
Soll sich auf löchrige Matratzen legen.

Die reinen Vögler sollte man nur henken!
Wenn sich ein Weib mitunter auspumpt: gut.
Den Baum spült sauber keine Meeresflut!

Nur nicht dem Geiste eine Spülung machen!
Die Kunst der Männer ist's: vögeln und denken.
(Der Männer Luxus aber ist's: zu lachen.)

Ingeborg Arlts Kommentargedicht hat ebenfalls Sonettform, womit der Ernst der Angelegenheit schönstens unterstrichen wird. Sie geht notwendigerweise kritisch auf die – freilich wohl polemisch gemeinte – überzogene Männlichkeitspose des Gedichts ein, stimmt dann der wesentlichen Grundforderung jedoch überraschend zu.

Zu Brechts Sonett
Über den Gebrauch gemeiner Wörter

Vom Vögeln schreibt uns Brecht hier, und er denkt
Ja wahrlich schlecht nicht von der Kunst der Männer
(Die wir zu schätzen wissen). Aber wenn er
Uns keinen Luxus zuspricht – stimmt's? Das kränkt.

»Der Männer Luxus aber ist's zu lachen.«
Als würden uns, wenn wir die Beine spreizen,
Nicht auch gelegentlich die Wörter reizen,
Als würden wir uns deshalb Sorgen machen!

Und überhaupt: Nicht Wörter sind gemein.
Was immer auch uns naß macht – es ist gut.
Gemein ist's, wird kein Geist uns zugeschrieben.

Doch könn'n wir denken, könn'n wir auch verzeihn.
Zumal dem Brecht. Macht der doch sonst uns Mut.
Und schließlich ist der Menschen Luxus: lieben.

Bei allem Zögern, das uns bei so forschem Betreten eines heiklen Gebiets überfallen mag, könnten wir uns zu guter Letzt – oder besser gesagt zum guten Anfang – sogar noch von einem anderen Klassiker ermutigt fühlen. Friedrich Engels lobte den Vormärzdichter Georg Weerth für seine »robuste Sinnlichkeit« und tadelte dessen Kollegen Ferdinand Freiligrath für die gegenteilige Haltung: »Wenn man

z. B. Freiligraths Gedichte liest, so sollte man wirklich meinen, die Menschen hätten gar keine Geschlechtsteile. Und doch hatte niemand mehr Freude an einem stillen Zötlein als gerade der in der Poesie so ultrazüchtige Freiligrath. Es wird nachgerade Zeit, daß wenigstens die deutschen Arbeiter sich gewöhnen, von Dingen, die sie täglich oder nächtlich selbst treiben, von natürlichen, unentbehrlichen und äußerst vergnüglichen Dingen ebenso unbefangen zu sprechen wie die romanischen Völker, wie Homer und Plato, wie Horaz und Juvenal, wie das *Alte Testament* und die *Neue Rheinische Zeitung*.«

Brecht
im Wertewandel

Nach der Veröffentlichung der teilweise bislang unbekannten, vielen als »pornographisch« geltenden *Gedichte über die Liebe* wurde Brecht noch einmal zum Skandalfall. Mit einer »Mischung aus Peep-Show und lyrischer Hausapotheke« (Reinhard Baumgart) hätte er sich nun ein für allemal als »vulgärer Bürgerschreck« (Lothar Schöne) entlarvt, der sein »sexuelles Machtgefühl ... paschahaft« auslebte, der als »brutaler Mann posiert« habe und die »Frauen erniedrigte, von der einen zur nächsten wechselte, sie den Fluß hinunterschwimmen oder ihr Gesicht verblassen läßt ...« Doch seine Angst übertönt er lustvoll: »›Ich habe einen Schwanz!‹ Nicht eben sympathisch ...« (Carl Pietzcker). Curt Hohoff sieht in den Gedichten »Huldigungen eines Zynikers« und meint zudem noch: »Traurig zieht der Diener der Venus seine Straßen.« Arno Paul erinnert zwar daran, daß Brecht »immer wieder bewiesen hat, wie Verstand und Vergnügen, Herz und Hirn in schönster Vollendung zusammenwirken«, sich hier aber »als kümmerlicher Sexualtechnokrat und Triebfetischist, dessen höchstes Ideal es ist, als Fickmaschine zu funktionieren«, entpuppt habe. Und ein Anonymus vertraute der *Fuldaer Zeitung* an, daß das, was Brecht »vor 30 Jahren zu Papier brachte«, nun »in der Welt der

Gleichberechtigung sicher Probleme« hätte, »zeugen doch diese Werke von einem Frauenverständnis, das man heute chauvinistisch nennen würde«.

Mag in der Tat die etwas sorglos aneinandergereihte, knapp kommentierte und dadurch einer Peep-Show-Mentalität womöglich Vorschub leistende Edition der *Gedichte über die Liebe* an diesen Pressereaktionen nicht ganz unschuldig sein, so bleibt doch mit einigem Staunen zu konstatieren, daß in der Reaktion auch heute noch jenes konservative Wertesystem durchschlägt, vor dessen – im Grunde wohl neidischem – Gegeifer Brecht sich durch die Abschirmung des Privaten zu schützen suchte.

Man höre und staune, ein Kritiker aus der DDR stellte im Grunde Ähnliches fest. Bernd Leistner befand, daß der junge Brecht die Frau »zum Moloch dämonisiert« habe. Glücklicherweise gäbe es in dem Band jedoch auch Verse, die von Anzeichen »verdrängten Selbsthasses und phantastisch produzierendem Minderwertigkeitsgefühl, von wildernden Zwangsvorstellungen und von unkontrolliert Aggressivem völlig frei sind«. – Auch hier ist eine seltsame Unfähigkeit zu konstatieren, lyrisches und personales Ich im Werk Brechts zu unterscheiden – ein Hinweis auf unser wohl zunehmendes Unvermögen, überhaupt noch mit Dichtung umzugehen.

All diese um die Würde der Frau so sehr besorgten Zeilen stammen übrigens aus Männerhänden, denen jedoch ein gewisses Modebewußtsein nicht abzusprechen ist. Während man es sich vor zehn oder fünfzehn Jahren noch bequem und genüßlich erlauben konnte, im scheinbaren sexuellen Liberalismus der *Erinnerung an die Marie A.* interpretatorisch herumzurudern, muß sich heute gerade auch ein Mann offensichtlich einen gewissen feministischen Touch geben, wenn er beim Frauenthema überhaupt noch mitreden will.

Nur bei wenigen Kritikern ist die Erkenntnis zu spüren,

daß seit dem zweiten Weltkrieg eine Generation herangewachsen ist, in der sich private Werte des Alltags herausbilden konnten, die denen von Brecht nicht unähnlich sind (Silvia Schlenstedt). Dazu gehört zum Beispiel die Überzeugung, daß die Qualität einer Partnerschaft wichtiger ist als ihre Dauer oder, besser gesagt, daß die Dauer über die Qualität erzeugt wird. Da ist auch eine neue Einstellung zur Sexualität zu konstatieren, die dem realen Triebleben des Menschen mehr entspricht als die der älteren Generationen (Jan Knopf). Der Dreißigjährige von heute braucht kein Künstlergenie mehr zu sein, um sich in ernsthafte Beziehungen zu mehreren Frauen zu verwikkeln – dasselbe gilt natürlich auch für Frauen. Die in Brechts Liebeslyrik angeschlagenen neuen Themen wie Ebenbürtigkeit, Abstand, Eifersucht und schuldfreie Sexualität können als Vorboten jener Probleme gelten, die diese Generation bei ihrem Versuch, auf neue Art zu leben, angetroffen hat. Die neuartigen Partnerbeziehungen, die sich in der Realität ja nur mit großen Unsicherheiten und auch Rückschlägen herauszubilden beginnen, beruhen indes auf sozialökonomischen Errungenschaften, die zu Brechts Zeiten noch Kampfziele waren – die wachsende ökonomische Unabhängigkeit der Frau und der Fortschritt in den Verhütungsmethoden. Da, wo der Kampf um diese Errungenschaften noch nicht dauerhaft gewonnen oder gar inexistent ist, kann die von Brecht vertretene neue Ethik der Partnerbeziehungen unverstanden bleiben – und sogar als unverschämte Kaprize aufgefaßt werden, die man ihm bestenfalls nachsieht, weil er nun eben mal ein Genie war. Brecht selbst war sicher nicht mehr der Meinung, daß man Genies alles nachsehen sollte.

In einer Welt, in der nicht nur Naturwissenschaftler, sondern auch Gesellschaftswissenschaftler und Künstler ihre nichtpublizierten Forschungen und Ideen geheimhalten müssen, um sich vor geistigem Diebstahl zu schützen, drängt sich indes auch immer wieder das Bild eines Brecht auf, der »mit den Frauen ebenso lax umgegangen ist wie mit dem geistigen Eigentum anderer« (Lothar Schöne). Dieses Brecht-Bild ist seinerzeit bereits von Marieluise Fleißers Drama *Der Tiefseefisch* (1929/30) heraufbeschworen worden: der Kulturmanager Tütü, der seine Geliebten als Sekretärinnen, Dolmetscherinnen und Schauspielerinnen ausbeutet, als Haupt einer fordistisch organisierten mächtigen Meinungsmache-Mediengesellschaft, welche allerdings einen Kampf gegen das alte bürgerliche Kultursystem führt. Dieser Kampf findet mit hierarchischen Methoden statt (Tütü alias Brecht ist immer der wichtigste und erste) und unter Aufgabe aller persönlichen Ambitionen der Mitarbeiter.

Auch Peter Weiss schlägt in seinem insgesamt so aufregenden Roman *Ästhetik des Widerstands* ähnliche Töne über Brecht an, die um so bedauerlicher sind, weil viele Leser das Werk nicht als Fiktion, sondern als Dokument ansehen. In Wirklichkeit ist Weiss dem Brecht, der vom Romanhelden als »Lehrer«, nicht aber als »Freund« bezeichnet wird, niemals begegnet. Das Bild, das er von der Situation der Flüchtlinge in Schweden entwirft, ist ein konstruiertes: Steffin sitzt hinter Brecht und stenografiert, Berlau ihm zu Füßen, die Hand auf seinem Knie, »als wolle sie einen besonderen Anspruch geltend machen«, und Weigel wäscht – nur mit »einem rosafarbenen Unterrock« bekleidet – draußen im Hof Wäsche, von Zeit zu Zeit eine einsame Zigarettenpause einlegend. Weiss läßt seinen Helden sich darüber mokieren, »daß Brecht mit dem Recht, das in den Leistungen begründet war, die er zurückgab, voraussetzte, daß jeder zu ihm kam, dem er winkte, jeder ihm half und ihn unterstützte, jeder sich von ihm aushorchen ließ und ihm zutrug, was er brauchte.« Und wenn von den Gesichtszügen der Weigel die Rede ist, »die nach einem andern Ausdruck verlangten als dem der

Verdrossenheit und Selbstaufgabe«, klingt das so, als sei dafür der Ehemann hauptverantwortlich und nicht die von Hitler erzwungene Aufgabe der künstlerischen Karriere, der Zyniker Brecht also, der Steffin »bei der Arbeit dicht neben sich haben (wollte), mit dem gespitzten Bleistift überm Papier, am liebsten war es ihm, wenn er Berlau, die aparte Freundin, gerade abdampfen sah, in Lederbekleidung auf dem Motorrad«.

Die »Leistung«, die Brecht »zurückgab«, wird kaum näher spezifiziert, nämlich Arbeitspartnerschaft, Liebe und Rettung vor den Konzentrationslagern Hitlers, dessen Armeen ja schließlich nicht nur dem Romanhelden selbst auf den Fersen saßen, sondern auch Brecht und seinen »drei Frauen«. Und daß es sich da in der Tat um eine Leistung handelte, wird vielleicht erst dann klar, wenn man sich einmal vergegenwärtigt, daß sie nicht selbstverständlich war. Clara Malraux beispielsweise wurde als Jüdin mit minderjährigem Kind von ihrem Gatten gerade zu dem Zeitpunkt verlassen, als Hitler Frankreich besetzte und die Rassengesetze auch dort zur Anwendung gelangten. Dem Schriftstellergenie Malraux war es wichtiger, die Beziehung zu einer frischeren Dame zu legalisieren, als die Seinen zu schützen.

Ich würde Jost Hermand im Falle Weiss recht geben, der vermutet, daß dieser wohl dem Neid gegenüber einem »Übervater« erlegen ist, dessen Überlebenstechnik im Exil nun einmal in der Aufrechterhaltung der künstlerisch-politischen Produktion bestanden hat – auch an dem Tage, als der Krieg ausbrach. Und muß die Aufforderung zur Mitarbeit an jedweden greifbaren Emigranten unbedingt als ausbeuterischer Egoismus ausgelegt werden, der auf jenen persönlichen Weltruhm zielte, dessen Eintreffen schließlich höchst ungewiß war? Könnte es sich nicht auch um eine Einladung zum kollektiven geistigen Überleben gehandelt haben?

Obwohl es immer deutlicher wird, daß auf Grund der heute so enorm angewachsenen allgemeinen Bildung und Ausbildung die Zeiten der einsamen Genies ein für allemal vorbei sind – die Medien und Editionssysteme können sich der Fülle talentierter Zusendungen ja gar nicht mehr erwehren –, feiert gerade der künstlerische Starkult in unserer Epoche die größten, wohl kommerziell motivierten Triumphe. In Anbetracht des Konkurrenzdrucks, in dem sich die Kulturwelt heute noch befindet, klingt es unglaubhaft oder utopisch, welche Freude der junge Brecht am gemeinsamen Musizieren und Ideenschmieden mit Freunden und Freundinnen hatte. Immer noch wird kaum zur Kenntnis genommen, daß es für ihn selbstverständlich war, seine Stücke unter Angabe der Namen der Mitarbeiter zu veröffentlichen: Das Werk sollte durchaus als kollektives Werk erkennbar sein. Und Brecht sah hierin zweifellos eine historisch notwendige Parallele zu den Entwicklungen in der Welt der materiellen Produktion. Wenn Bi Banholzer erzählt: »Feuchtwanger behauptete, Brecht hätte von ihm abgeschrieben, und Brecht behauptete, Feuchtwanger hätte von ihm abgeschrieben«, so war das schon damals in der Brecht-Feuchtwanger-Gruppe eher einen Scherz als einen Streit wert. (Brecht darüber zu Bi: »er hat ein Automobil gestohlen, das er nicht fahren kann.« Eine Bemerkung, die sich auf gewisse Anleihen Feuchtwangers aus *Trommeln in der Nacht* beziehen. Vor sein Stück *Leben Eduard des Zweiten von England* setzte Brecht jedoch den Satz: »Dieses Stück schrieb ich mit Lion Feuchtwanger.«)

Interessant scheint mir auch ein Hinweis Elisabeth Hauptmanns zu sein, die selbst als Mitkonstrukteurin von *Mann ist Mann*, *Die Dreigroschenoper*, *Mahagonny*, *Der Ozeanflug*, *Die heilige Johanna der Schlachthöfe*, *Die Ausnahme und die Regel*, *Die Rundköpfe und die Spitzköpfe*, aber auch bei späten Stücken wie *Don Juan* und *Pauken und Trompeten* ausgewiesen

Mit Freunden und Mitarbeitern

ist. Sie erinnerte sich: »Er arbeitete gern mit anderen zusammen, ja, die Zusammenarbeit, die Arbeit im Kollektiv war das Grundprinzip seines Arbeitens. Wo immer er sich auch aufhielt, immer war da ein Kreis von Freunden, von Mitarbeitern, mit denen er über seine Pläne und Arbeiten sprach und die ihm während des Arbeitsprozesses halfen... Von Originalität hielt er nicht viel, er wurde sehr mißtrauisch, wenn jemand stolz sagte: das habe ich ganz allein gemacht. Was er davon hielt, kann man in einer seiner Keunergeschichten nachlesen, wo es zum Schluß heißt: ›Wie wenig brauchen diese alle zu ihrer Tätigkeit! Ein Federhalter und etwas Papier ist das einzige, was sie vorzeigen können!‹ Und weiter heißt es in der Geschichte: ›Ohne jede Hilfe, nur mit dem kümmerlichen Material, das ein einzelner auf seinen Armen herbeischaffen kann, errichten sie ihre Hütten! Größere Gebäude kennen sie nicht als solche, die ein einziger zu bauen imstande ist!‹«

Auch war Brecht selber stets bereit, als »Mitarbeiter« bei Projekten anderer Personen zu fungieren, wobei er niemals auf eine plakative Nennung seines Namens drang.

Zu erinnern ist hier unter anderem an seine umfangreiche Mitarbeit an Hauptmanns Stück *Happy End*, aber auch an der Oper *Persische Episode* von Rudolf Wagner-Régeny und Caspar Neher. Auf dem Programmzettel wollte er nur mit der Anmerkung vertreten sein: »Der Text enthält einige Gedichte von B. B.«

An Martin Andersen Nexö, dessen *Erinnerungen* er zusammen mit Margarete Steffin übersetzt hatte, schrieb er: »Ich habe auch nichts dagegen einzuwenden, daß mein Name mitgedruckt wird, allerdings müßte es heißen: Margarete Steffin und Bertolt Brecht, da ich, wie jedermann weiß, ja nicht Dänisch verstehe und da, wie ich weiß, die Hauptarbeit tatsächlich von Grete gemacht wird.«

Daß Hauptmann, Steffin, Berlau, Fleißer ihre eigenen literarischen und dramatischen Arbeiten erst spät bzw. gar nicht veröffentlichen konnten, ist in erster Linie den Verhältnissen, den Zeitereignissen und dem undemokratischen Charakter der damaligen Mediensysteme an sich anzulasten, bei denen die Durchsetzungschancen von Frauen minimal waren. Gerade die künstlerischen Schicksale dieser begabten Frauen zeigen die zerstörerische Gewalt des Faschismus in so schwer zu definierenden Bereichen wie dem der Frauenemanzipation in der Kultur. Während es einem nicht unbeträchtlichen Teil der Männer aus der fortschrittlichen deutschen Kulturszenerie gelang, auch im Exil – und gerade im Exil – hervorragende literarische Werke zu produzieren, sieht die Bilanz auf der weiblichen Seite wesentlich schmaler aus: Berühmtheit erlangte allein Anna Seghers. Und wenn man sich vergegenwärtigt, wie viele Schwierigkeiten der doch immerhin schon bekannte Brecht im Exil hatte, Aufführungen seiner Stücke oder Publikationen durchzusetzten, begreift man eher, um wie vieles geringer die Chancen der mit ihm liierten Frauen waren, in den fremdsprachigen Ländern mit eigenen Arbeiten hervorzutreten. Die künstlerische Symbiose, die sie mit Brecht eingingen, war unter den Bedingungen der Flucht vor Hitler eine Überlebenssymbiose im physischen, aber auch im intellektuellen Sinne.

Die schwere Durchsetzbarkeit weiblicher Kunstprodukte beschränkt sich freilich nicht nur auf den Faschismus, erinnert sei an dieser Stelle an die geringen Chancen, die die dramatischen Experimente von Marieluise Fleißer und Elisabeth Hauptmann Ende der zwanziger Jahre hatten. Untypisch für die Zustände im Kulturbetrieb ist auch nicht jene Geschichte, die Ruth Berlau in den USA passierte: »ruth hat durch bergner dem OBOLER ein radiostück (offensichtlich von ihr verfaßt – S. K.) über den freiheitskampf norwegens geben lassen. er hat es jetzt gestohlen und unter seinem namen aufgeführt, geld bekommt er nicht dafür, da es für defence ist, jedoch den ruhm. er wundert sich, daß ruth nichts für defence tun will, wie er sagt, als sie sich über den diebstahl beklagt. unterschied zwischen opferbringen und opfersuchen.«

Der Nachwelt könnte man allerdings vorwerfen, die Eigenständigkeit der Persönlichkeiten von Brechts Mitarbeiterinnen – die Weigel ausgenommen – zu wenig oder zu spät gewürdigt zu haben. Zwar gelangte Marieluise Fleißer noch zu dem ihr gebührenden literarischen Ruhm und Einfluß. 1977 erschien ein kleiner Band mit Erzählungen von Elisabeth Hauptmann. Über sie wurde – kurz vor ihrem Tode – auch noch ein Dokumentarfilm gedreht. Ihr zur Entstehungszeit nicht besonders erfolgreiches Stück *Happy End* ist allein zwischen 1977 und 1982 vierundfünfzigmal inszeniert worden, u. a. in einer Adaption von Michael Feingold im Londoner Methuen Theater. Margarete Steffins Drama für Kinder *Wenn er einen Engel hätte* wurde 1978 vom Berliner *Theater der Freundschaft* inszeniert. Der größte Teil ihrer Arbeiten, Briefe und leider auch ihre Gedichte, liegt in Moskauer Archiven und ist nur teilweise zugänglich. Und ob sich noch einmal ein Verleger für

Ruth Berlaus Buch *Jedes Tier kann es* finden wird, steht noch in den Sternen.

Schließlich scheint mir wichtig, zu betonen, daß es nicht allein Brechts »hypnotische Ausstrahlung« auf Frauen (Marta Feuchtwanger) war, die immer wieder begabte Frauen zur Zusammenarbeit mit ihm führte: Er hatte diese Ausstrahlung ja durchaus auch auf Männer. Das Urteil und die Mitarbeit von Nichtkünstlern, von »einfachen« Menschen, war ihm oft noch wertvoller. Daß er Margarete Steffins Schwester bei ihrem Besuch in Dänemark sofort einspannte, um die Verständlichkeit des *Cäsar* zu testen, war kein Einzelfall, sondern eher typisch. So berichtet auch sein Jugendfreund, der Arzt Hanns Otto Münsterer, der Brecht fünfundzwanzig Jahre nicht gesehen hatte, daß dieser ihn bei seinem Berlinbesuch sofort verpflichtete, an den Proben zur *Mutter* teilzunehmen.

Trotz aller Mitarbeit von außen, trotz aller Einflüsse, die andere Personen auf Brechts Werk ausgeübt haben, trägt es den unverwechselbaren Stempel seiner Persönlichkeit. Zweifellos wäre es jedoch weniger groß und »monumental«, wenn es nicht zugleich ein kollektives Werk wäre. Er selbst könnte womöglich einverstanden sein, wenn man deshalb von einer »Firma Brecht« sprechen würde ...

Obwohl die künstlerische Utopie Brechts sich nicht durchgesetzt hat und die Kulturproduktion nach wie vor zumeist in den alten Gleisen des Individualismus und der Konkurrenz stattfindet, bleibt die von Brecht angestrebte Demokratisierung auf diesem Gebiet nicht nur ein erstrebenswertes, sondern auch notwendiges Ziel. Die methodische Seite seines Arbeitens stellt nicht nur ein Erbe, sondern auch eine Herausforderung an uns Heutige dar.

Schreib mir, was du anhast ...

Schreib mir, was du anhast! Ist es auch warm?
Schreib mir, wie du liegst! Liegst du auch weich?
Schreib mir, wie du aussiehst! Ist es noch gleich?
Schreib mir, was dir fehlt! Ist es mein Arm?

In der Art, sich zu kleiden, mischen sich – abgesehen von ökonomischen Fragen – zumindest zwei Problemkreise: die im Grunde erotisch motivierte Selbstdarstellung des Individuums oder auch das Schmuckbedürfnis, das ja schon bei Naturvölkern ausgeprägt ist, und ein mehr oder weniger genau zu determinierender sozialer Identifikationswunsch. Für Brecht haben beide Momente eine Rolle gespielt: das letztere mehr für sich selbst, das erstere mehr in Hinblick auf seine Partnerinnen, um deren Kleidung er sich erstaunliche Sorgen machte. Das Thema spielte auch immer wieder eine Rolle in seiner Liebeslyrik, wobei noch einige neue Streiflichter auf sein Verhältnis zur Weiblichkeit aufflammen, welches durchaus ja auch ein ästhetisches war. Interessant sind seine Auffassungen zum Bekleidungsproblem jedoch auch deshalb, weil sie sensibel bestimmte Haltungen vorwegnahmen, die die Jugend insbesondere in den letzten dreißig Jahren allgemein kennzeichneten, ohne daß man von einer direkten Inspiration durch Brecht sprechen könnte (welche jedoch unzweifelhaft nachweisbar ist, und zwar nicht nur hinsichtlich der Kleidung, sondern bis zur Wohnungseinrichtung). Durch die Konfrontation dieser allgemeinen, neuen Haltungen zur Bekleidung mit denen von Brecht fällt auf, daß es sich dabei nicht schlechthin um »Moden« handeln kann, sondern um gewisse Bedürfnisse und Möglichkeiten, die der Epoche, in der wir leben, eigentümlich sind ...

Beim jungen Brecht ist ein starker Identifikationswunsch mit den einfachen Menschen bestimmend gewesen für die Art, sich zu kleiden. Erinnert sei noch einmal an die Selbstbeschreibung in der Johannesgestalt im *Baal*: Johannes, dem es einst »gut ging in den bürgerlichen Verhältnissen«, der nun aber »abgerissen, in schäbigem Rock mit hochgeschlagenem Kragen, hoffnungslos verkommen« neben Baal in der Kneipe steht und das Leben der einfachen Leute studiert. Nach Bi Banholzers Berichten verzichtete der junge Brecht jedoch nicht auf provokatorische, ihn eben doch als »Künstler« ausweisende Elemente in seiner Kleidung. Zudem wünschte er die ihn begleitende Dame durchaus elegant: »Brecht war der Ansicht, daß ich als seine Ehefrau mit größter Eleganz gekleidet sein müsse, denn je schöner und besser ich angezogen sei, um so mehr könne er sich leisten, einfach nur schlampig daherzukommen. An seiner einfachen und schlampigen Kleidung hing er geradezu. Das war sicherlich seine Form von Eitelkeit. Vielleicht wollte er auch als Original angesehen werden.

Öfter trug er statt einer Krawatte einen schlichten Schnürsenkel um den Hals, den er sorgfältig band. Oder er schmückte seinen Kragen mit dem nächstbesten Stofffetzen, den er irgendwie bekommen konnte.« Aber: »Für mich sollte alles aus reiner Seide oder aus Batist sein. Zu Seide hatte er überhaupt eine besondere Beziehung ...«

Oh, du ahnst nicht, was ich leide
Seh ich eine schöne Frau
Die den Steiß in gelber Seide
Schwenkt im Abendhimmelblau.

Obwohl er hinsichtlich weiblicher Kleidung eine gewisse Vorstellung von Eleganz hatte, stand der junge Brecht dem eigentlichen Kleiderluxus skeptisch gegenüber. Die Pelzsucht seiner ersten Ehefrau Marianne, der Opernsängerin, beunruhigte ihn. »Oft denke ich an die Marianne, die Auto fährt, wenn sie will. Sich Pelzmäntel schenken läßt, Ringe, Kostüme. Für sich selbst. Soll man sie herausholen? Ich kann sie nicht bezahlen und nichts für sie ...« Marianne Zoff-Lingen wiederum erinnert sich klagend, daß Brecht »überaus ungepflegt« wirkte, »mit einer strapazierten Lederjacke, in einer zerbeutelten, alten Cordhose und mit einer schäbigen Schiebermütze in der Hand ... Ich erinnerte mich, daß viele Mitarbeiter und Schauspieler unter seinem mangelnden Hygienebedürfnis litten und es darüber sogar zu offenen Auseinandersetzungen kommen ließen ... Und seine Ungepflegtheit habe ich ihm nach und nach ausgetrieben ... ich hab ihn gewaschen ... Später war er aus der Badewanne gar nicht mehr herauszukriegen.« Die Dispute mit Marianne um sein in der Tat mangelhaftes Äußeres hat Brecht in einem Gedicht wiedergegeben, das mit *Gardinenpredigt* betitelt ist.

Sei doch einmal ein netter Junge
und paß auf deine arme Lunge
Und sei so artig und honett
Und laß die Zeitung weg im Bett!

Zieh mich nicht auch in deinen Pfuhl
Und trink nicht Schnaps im Schaukelstuhl!
Du weißt genau, daß ich es büße
Wann wäschst du eigentlich die Füße?

Ein andrer würde sich ja schämen
Die Worte in den Mund zu nehmen!

Schäm dich, zwischen den Zehn zu fischen
Und dich am Bettuch abzuwischen!

Rasiert bist du auch wieder wie
Ein Schwein und Pickel wie noch nie!
Und mußt du denn die Virginien rauchen
Wo wir das Geld so dringend brauchen!

Du riechst davon nur aus dem Mund
Ja, was ich sagen wollte – und
Sei doch einmal ein netter Junge
Und küß mal wieder mit der Zunge!

Das in der Tat ans Unsoziale grenzende Verhalten des jungen Eugen Bertolt wäre keines Nachdenkens wert, hätte sich nicht in den sechziger Jahren plötzlich eine ganze Generation von Jugendlichen dem täglichen Waschakt mehr oder weniger konsequent verweigert!

Schon der junge Brecht hatte für aufreizende, kokette Kleidung bei Frauen nichts übrig. Auch in diesem Punkt bestand Uneinigkeit mit Marianne Zoff. »Ich raufe mit der Mar wegen des Kapitels Geschmack. Sie verteidigt den Kokottengeschmack, ich erledige ihn als talentvoll, als Kammerspielgeschmack. Sie ziehen meist den Körper an, nicht den Leib. Ihr Gesicht, ins Blumenhafte stilisiert, wirkt dann angezogen wie ein Handschuh, man riecht parfümierten Schweiß, das sind Ausstellungen, nicht Visionen, das ist bemalter Stein, Statuette zwischen Pappendeckeln ... Statt dessen müßte das Kleid wie eine dilettantische Improvisation wirken, etwas lässig, aber ordentlich, hauptsächlich ordentlich aus Höflichkeit. Man darf nicht das Kleid, sondern die Frau sehen ... Die Kleider der Kokotten sind Fachsimpeleien, eine humorlose und phantasiearme Draperie, etwas Handgreiflich-Deutliches; es ist so, als wirke das Kleid für sich, es ist ein schönes Kleid statt das Kleid einer schönen Frau (wobei ich durchaus zugebe, ja verlange, daß die Schönheit durch das Kleid gesteigert wird, aber es muß ein Schwindel sein, ein Trick, ein Handgriff, das Kleid muß so aufopfernd sein, daß es, das die Hauptarbeit leistete, auch noch ruhmlos zurücktritt, bescheiden lächelt ...)«

Daß er die luxuriöse Eleganz der Marianne Zoff als eine Verhaltensform erkannte, die die Persönlichkeit nicht erhöht, sondern in Gefahr bringt, wollte also nicht heißen, daß er der Bekleidung kein ästhetisches Gewicht gegeben hätte. Im Kreise des jungen Brecht liebte man Exotisches. Die Asienleidenschaft, die Brecht zeitlebens in seiner Dichtung zum Ausdruck brachte, begann mit »Theetrinken« und Kimonos. Dem Tagebuch entnehmen wir beispielsweise: »Bi kocht Pfannkuchen und wird im Kimono photographiert« oder: »Feuchtwanger hat sich seine Brille ins Aug gestoßen und hockt im Kimono mit verquollenem Kindergesicht in verdunkelten Zimmern.«

Auch seine späteren Gefährtinnen sah Brecht gerne in asiatischer Kleidung. Wir kennen ein schönes Foto von der Weigel aus dem Jahre 1928 in einem Kimono. Margarete Steffin hat einen »chinesischen Schlafmantel« besessen. Als das Schiff bei der Überfahrt nach Amerika auf den Philippinen haltmachte, erwarb Brecht für Ruth Berlau (die wegen Mumps in der Kabine bleiben mußte) einen schwarzen chinesischen Seidenpyjama mit eingesticktem Drachen.

Schwarz war – neben Grau – seine Lieblingsfarbe. Besonders Ruth Berlau kam diesem seinem Geschmack entgegen und kleidete sich fast nur schwarz:

Biwak

...

Das lederne Buch der Notizen
Liegt es bereit?

Wirst du vor ihm sitzen
Im schwarzen Witwenkleid?
...

Nach einer um 1930 zu situierenden Phase relativen Luxus – er notierte 1931, daß er sieben Anzüge und acht Paar Schuhe besäße, fügte jedoch hinzu, daß er sich »des Ganzen schäme ... weil es zuviel ist« – ging Brecht wieder auf ganz einfache Bekleidung über, schließlich sogar auf Arbeitsbekleidung. Dazu hat ihn nicht allein seine politische Entwicklung gebracht, der Wunsch, dem Proletariat zu dienen, sondern auch praktische Gesichtspunkte. Wie der Arbeiter die vielen Taschen in seinem Arbeitsanzug benötigt, um einen Teil seiner Arbeitsinstrumente unterzubringen, brauchte Brecht diese Taschen, um seine Schreibwerkzeuge, Notizbücher usw. zu verstauen.

Er mochte weder vornehme Gesellschaften noch vornehme Restaurants. Ruth Berlau berichtet aber, wie gerne er zum Beispiel die Nyhavener Seemannskneipen besuchte, wo man ihn für einen Matrosen hielt, »weil er damals sehr, sehr dünn war und immer blaue Arbeitshosen anhatte. Niemand kam auf den Gedanken, daß er ein Schriftsteller sein könnte.« Die kleidungsmäßige Identifizierung mit dem Proletariat trieb Brecht so weit, daß es ihn auch nicht störte, wenn er in seinem Aufzuge und unrasiert mal nicht »vorgelassen« wurde. So platzte beispielsweise einmal eine wichtige Verabredung mit einer möglichen Mäzenin, Elisabeth Prinzessin von Bibesco, im Londoner Savoy-Hotel. Doch auch zu einem 1948 eigens für ihn organisierten Empfang im Kulturbund der SBZ, wo Becher, Renn, Abusch, Dudow, Ihering, Zweig, Müllereisert u. a. bereits auf ihn warteten, hatte ihn der Pförtner nicht eingelassen. »Da kam einer, aber der sah aus wie ein Heimkehrer und paßte nicht in diese Gesellschaft. Ich habe ihn nicht hereingelassen, und er ist auch widerspruchslos gegangen.« Becher mußte dann dafür sorgen, daß Brecht aus seinem Hotel abgeholt wurde.

Daß er doch dem Dilemma zwischen ästhetischem Bedürfnis und angestrebter Askese nicht ganz entging, sieht man daran, daß er sich in den späten Berliner Jahren – als er es sich wirklich leisten konnte – Anzüge aus guten englischen Wollstoffen nähen ließ. Er wählte dafür allerdings den schlichten Stil der Chinesen, womit er diesmal nicht so sehr Exotismus als seine Verbundenheit mit der chinesischen Revolution zum Ausdruck bringen wollte. Aus der schäbigen Schiebermütze von früher war gegen Ende seines Lebens eine »Ballonmütze« geworden, die nach Beobachtung von Louis Aragon »so proletarisch war, daß sie nur vom besten Mützenschneider gemacht sein konnte«. Es wird wohl dieselbe Adresse gewesen sein, wo er auch seine berühmten Chinesenanzüge nähen ließ – die Maßschneiderei in der zentralen Leitung der HO-Konfektion am Alexanderplatz …

Der wesentlichste Zug Brechtscher Bekleidungstheorie hat darin bestanden, daß Kleider vor allem den Körper schützen und reichlich bedecken sollten. Die Sorge hinsichtlich der Kleidung für die kranke Margarete Steffin war ihm noch einmal ein Sonett wert.

Das elfte Sonett

Als ich dich in dies fremde Land verschickte
Sucht ich dir, rechnend mit sehr kalten Wintern
Die dicksten Hosen aus für den (geliebten) Hintern
Und für die Beine Strümpfe, gut gestrickte!

Und für die Brust und unten am Leibe
Und für den Rücken sucht ich reine Wolle
Damit sie, was ich liebe, wärmen solle
Und etwas Wärme von mir bei dir bleibe.

So zog ich diesmal dich mit Sorgfalt an
Wie ich dich manchmal auszog (viel zu selten!
Ich wünscht, ich hätt das öfter noch getan!)

Mein Anziehn soll dir wie ein Ausziehn gelten:
Nunmehr ist, dacht ich, alles gut verwahrt
Daß es auch nicht erkalt, so aufgespart!

Für kokette, knapp gehaltene Reizwäsche hatte Brecht auch weiterhin nichts übrig. Beizeiten gelüftete, im allgemeinen jedoch gut bedeckte Weiblichkeit schätzte er mehr als ordinäre Blöße. So verwundert es nicht, daß er Helene Weigel schon 1944 eine Art »new look« vorschlug.

Empfehlung eines langen, weiten Rocks

Und wähl den bäuerlichen weiten Rock
Bei dem ich listig auf die Länge dränge:
Ihn aufzuheben in der ganzen Länge
An Schenkeln hoch und Hintern, gibt den Schock.
Und wenn du hockst auf unsrer Ottomane
Laß ihn verrutschen, daß in seinem Schatten
Durch den Tabakrauch wichtiger Debatten
Dein Fleisch mich an die gute Nacht gemahne.

Doch sind es nicht nur niedere Gelüste
Die mich nach solchem Rocke schreien lassen:
Du gehst drin schön, wie einst durch Kolchis Gassen
Medea, als den Korb sie meerwärts trug. –
Doch wenn ich keine andern Gründe wüßte:
Wähl solchen Rock! Die niedern sind genug.

Wie ernst es Brecht mit dem Bedecken weiblicher Reize gewesen ist, zeigt auch eine Anekdote, die eine seiner letzten Freundinnen aus der späten Berliner Zeit, die Schauspielerin Isot Kilian, erzählt: Als sie 1954 eine neue Wohnung in der Friedrichstraße bezog, fand sie »einen kleinen Koffer und einen Blumentopf mit russischem Wein vor. In dem Koffer waren Leinentücher, Nägel und ein kleiner Hammer. Es sollte mir nicht jeder ins Fenster sehen, ehe ich dazu kam, Gardinen aufzuhängen.«

In einer Sicht auf die Kleidung, in der besonders ihre »schützenden« Eigenschaften wichtig waren, verwundert es nicht, daß der Mantel eine zentrale Rolle einnahm. In der Episode *Die jüdische Frau* aus *Furcht und Elend des Dritten Reiches* und auch in der Erzählung *Der Mantel des Ketzers* erreicht das Mantelmotiv Gogolsche Dimensionen: Der Mantel wird auch zum Symbol des moralischen Schutzes.

Doch hören wir zunächst Marieluise Fleißers spezielle Mantelerfahrungen mit Brecht aus der gemeinsamen Zeit im Berlin der zwanziger Jahre. Er empfahl da einen ganz bestimmten, bereits charakteristischen Typ von Mantel. »Sein Schneider, den er, glaube ich, von Augsburg her kannte, wohnte in einem Elendsviertel, was in den Augen Brechts der reine Vorzug war. Den Brecht-Freundinnen mußte er lange, schwarze Marengo-Mäntel machen, also männliche Mäntel, schlank und fast bis zum Knöchel heruntergeschnitten, bedeutend länger nämlich, als die Mode es wollte. Brecht mochte sie lang. Und den Mantel mußte man schlank zuhalten, nicht knöpfen, man legte den Ellenbogen über den Magen, das war die schicke Berlinerin. Ich habe so einen besessen, der Schneider machte einen Vorzugspreis, wenn man von Brecht kam. Mit dem Hut konnte man es Brecht nie rechtmachen, da war er ein Mäkler.«

Mit dem Tonfall ihrer Erzählung trifft die Fleißer hier genau das leicht resignierende Gefühl, das uns Frauen beschleicht, wenn wir einer spleenhaften Kleiderforderung des geliebten Mannes nachgeben, obwohl wir selbst gar nicht sicher sind, ob wir zum Beispiel so einen Marengo-

Mantel überhaupt tragen wollen: Da bleibt jedoch nur das existentialistische Argument, daß man ja letztlich doch Wahlfreiheit besessen hat – auch und nicht nur was den Marengo-Mantel anbetrifft! Therese Giehse hätte sich bestimmt keinen schneidern lassen!

Der ärmliche Mantel Margarete Steffins nimmt nach ihrem tragischen Tod in Brechts Erinnerungen einen breiten Platz ein. Als er sie in Moskau in die Klinik brachte, »regte sie sich auf, daß ich ihren braunen finnischen kapuzenmantel mitnähme und war erst ruhig, als ich ihn ihr zeigte. in diesem mantel, erfuhr ich später, hatte sie 15 englische pfund seit jahren gespart und versteckt, über die grenze geschmuggelt: das sollte ihr freiheit verleihen. ich liebte sie sehr, als ich das erfuhr.«

Wenig später, in Amerika angekommen, schreibt er:

Eingedenk meiner kleinen Lehrmeisterin
Ihrer Augen, des blauen zornigen Feuers
Und ihrer gebrauchten Kutte mit der breiten Kapuze
Und dem breiten unteren Saum, taufte ich
Den Orion am Himmel das Steffinische Sternbild.
Aufblickend und es kopfschüttelnd betrachtend
Höre ich mitunter ein schwaches Husten.

Brecht schenkte gerne Mäntel. Als er 1935 in Moskau war, wird in einem Brief an die Weigel beiläufig – aber doch eben – erwähnt: »Dein Mantel hängt schon bei mir.« Ruth Berlau berichtet, daß Brecht beim gemeinsamen Aufenthalt in der Sowjetunion im Jahre 1941 von seinen Tantiemen für sie einen schwarzen und für Helene Weigel einen braunen Persianerpelz gekauft habe. Damit waren die beiden Frauen bestens für das amerikanische Exil gerüstet, und zwar sowohl hinsichtlich der zu erwartenden kalten Winter und zum zweiten auch ausreichend elegant.

Der asketische Zug Brechts wurde jedoch mit zunehmendem Alter so stark, daß er derartigen Luxus nicht nur sich selbst vorenthielt, sondern auch gegenüber dem weiblichen Geschlecht in dieser Hinsicht unduldsam wurde. Als ihm in den fünfziger Jahren einmal eine Frau in einem Mantel aus pelzähnlichem Gewebe (wahrscheinlich einer der damals aufkommenden »Teddymäntel«) vorgestellt wurde, fragte er mißtrauisch: »Ist das Pelz?« Sie antwortete ihm, daß es sich um ein neuartiges, nur wie Pelz aussehendes Gewebe handele. »Ihr Glück«, soll er in ziemlich scharfem Ton geantwortet haben, »da werden Sie gerade bei der Revolution nicht aufgehängt.«

Brecht selbst, der es nicht mochte, wenn man ihm in den Mantel helfen wollte, beharrte darauf, seinen alten, noch aus dem amerikanischen Exil stammenden Mantel weiterzutragen, den er trotz seines mittlerweile recht schäbigen Zustands sehr liebte. Einer weiteren Anekdote zufolge drängte die Ehefrau immer wieder darauf, daß er sich auch auf diesem Gebiet endlich mal etwas Neues zulege. Da aber alle Beschwörungen nichts halfen, steckte sie den alten Mantel schließlich in die Heizung. Aber auf diese beherzte Tat reagierte der Meister mit einem Verfremdungseffekt: Statt sich einen neuen Mantel zuzulegen, lebte er fortan ohne. Womit er zweifellos in der winterlichen Öffentlichkeit auf die immense Bedeutung des Mantels aufmerksam machen wollte.

Was den Verfremdungseffekt betraf, war die Ehefrau selbst natürlich nicht minder versiert. In jenen frostigen Wintern, als man selbst bei klirrendem Frost Minimantel trug und Strumpfhosen noch nicht selbstverständlich waren, so daß einem die knarrende Kälte direkt auf die Schenkel kroch, fiel mir auf der Friedrichstraße einmal ein vor mir her laufender Mantel wegen seines schönen Tuchs, seiner ungewöhnlichen Länge und seiner außerordentlichen Schnittigkeit auf. Nachdem ich eine Weile lang bewundernd und neidisch hinter ihm hergegangen war, beschloß ich, an dem forsch einherschreitenden Mantel vorbeizusegeln, um einen Blick auf die vordere Fassade zu werfen. Wie vom Blitz getroffen war ich, als ich eine hübsche, dezent geschminkte Alte darin erkannte – niemand anders als Helene Weigel steckte in dem guten Stück (Marengo???). Wieder ein V-Effekt, schoß es mir durch den Kopf. Ich hatte sie gerade am Vortage, in ziemlich abgerissenem Zustand, nämlich als *Mutter*, auf der Bühne gesehen!

Die späte Lyrik – doch noch Rosen?

Schicke mir ein Blatt, doch von einem
Strauche
Der nicht näher als eine halbe Stunde
Von deinem Hause wächst, dann
Mußt du gehen und wirst stark, und ich
Bedanke mich für das hübsche Blatt.
(für Ruth Berlau, 1955)

Brecht war nicht alt, als er starb. Und doch zeigen die Fotos der letzten Jahre einen sehr gealterten Mann, schwach genug, um von einer sich zum Herzinfarkt auswachsenden Grippe hinweggerafft zu werden. Es scheint auch berechtigt, von einer Alterslyrik zu sprechen und das nicht nur, weil Todesahnungen aufflackern. Für den in der Form zu beobachtenden Wandel sind aber auch objektive Gründe zu benennen. Die Zeit des politischen Exils ist vorbei, der Dichter will am Aufbau einer neuen Gesellschaft mitwirken. Nie war die Sprache so einfach wie nun, wo sie endlich jene pädagogische Funktion erfüllen könnte, die ihr so lange versagt geblieben war. Diese Sprache ist gekennzeichnet von einer Hinwendung zur deutschen Klassik. Ihr war Brecht zwar von Jugend auf verpflichtet – und wahrscheinlich in größerem Maße, als bislang angenommen –, aber zunächst vor allem im polemischen Sinne. Ruft man sich die provokatorische Goethe-Kritik des jungen Brecht in der *Liturgie vom Hauch* in Erinnerung, hat man den Eindruck, daß der ältere Brecht den Tonfall der »*Vögelein im Walde*« geradezu suchte: Die Form treibt klassischer Einfachheit und Ruhe entgegen, ohne freilich ganz darin aufzugehen. Öfter finden sich nun sogar die grundlegend bleibenden dialekti-

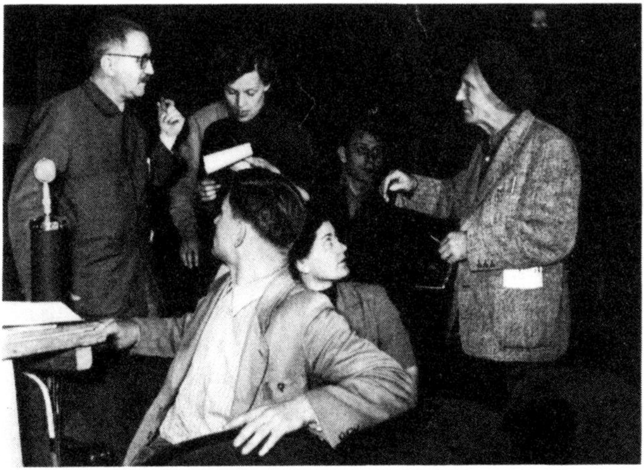

Auf der Probe von »Der kaukasische Kreidekreis«, 1954, u. a. mit Ernst Busch, Isot Kilian, Käthe Rülicke-Weiler

schen Komponenten des dichterischen Sujets nicht mehr im Gedicht selbst versammelt: Sie müssen vom Publikum aus der Beziehung zum historischen Kontext erschlossen werden. Bei der Nachdichtung des Friedensliedes von Pablo Neruda – der der klassisch-olympischen Form ja ebenfalls sehr zugetan war – ergibt sich die dialektische Spannung erst durch den Bezug zum historischen Kontext: die durch die Wiederaufrüstung aufflammende Kriegsgefahr. Zweifellos spielte das Gefühl, am Beginn einer historischen Wende zu stehen, eine große Rolle bei diesen Neubestimmungen der ästhetischen Funktion der Form. Es handelte sich dabei nicht um eine Aufgabe der Dialektik, sondern um eine Verlagerung ihrer Wirkungsachsen innerhalb des Zusammenhangs von Produktion und Rezeption des Kunstwerks.

Brechts Liebeslyrik der späten Jahre läßt einen noch klareren Hang zur klassischen Einfachheit erkennen. Es dominiert der die deutsche Sprache wohl am besten rhythmisierende und seinerzeit von Goethe zu erster Vollendung gebrachte Kurzvers. Jedoch scheint mir im Gegensatz zur politischen Lyrik die späte Liebeslyrik Brechts von einer gewissen Verarmung des Inhalts charakterisiert zu sein. Der Grund liegt sicher darin, daß Brechts Aktivität nun ganz und gar aufs Gesellschaftliche gerichtet ist. Endlich hat er Gelegenheit, mit dem Aufbau des historisch »eingreifenden« Theaters zu beginnen. Die praktische Arbeit läßt ihm kaum Zeit zum Schreiben, geschweige denn ein Privatleben im eigentlichen Sinne zu führen. Der Aufbau des Berliner Ensembles war ein kollektives Werk immensen Ausmaßes, das letzten Endes aber doch ganz an die Persönlichkeit Brechts gebunden war: Seine Autorität war enorm. Auf die oft wesentlich jüngeren Mitarbeiter übte er eine große Faszination aus, und zwar nicht nur als Künstler, sondern auch in politischem und ganz umfassend menschlichem Sinne. »Für uns, die wir Schulen im Faschismus besucht hatten«, schreibt Isot Kilian, »schufen Brecht und die Weigel ständig Begegnungen, damit wir lernten.« Brechts »Lehrerverantwortung« für die jungen Mitarbeiter ging bis hin zur Versorgung mit Vitamintabletten und im Krankheitsfall mit Medikamenten. Die Anziehungskraft, die Brecht insbesondere auf junge Mitarbeiterinnen ausübte, scheint ihn selbst in Erstaunen versetzt zu haben. Das Gedicht *Geh ich zeitig in die Leere* zeigt uns einen Dichter, der durchaus fühlt, wie er altert und daß für ihn nun sogar die Liebe »Verschleiß« darstellt. Die so deutlich an Goethe erinnernde Klassizität der Form und des Rhythmus kann auch als Flucht aus dem Persönlichen, dem »zu starken Gefühl« gedeutet werden, es wird nur noch mit Mühe realisiert.

Geh ich zeitig in die Leere
Komm ich aus der Leere voll.

Wenn ich mit dem Nichts verkehre
Weiß ich wieder, was ich soll.

Wenn ich liebe, wenn ich fühle
Ist es eben auch Verschleiß
Aber dann, in der Kühle
Werd ich wieder heiß.

So wäre sicher die nicht allein von Brigitte Klump vertretene These, daß der alte Brecht hinter jugendlichen Rökken hergelaufen sei, zu relativieren. Die jungen am Theater beschäftigten Damen geraten bei einer solchen Sicht auf die Ereignisse unversehens in die doch recht unwahrscheinliche Rolle des verführten Gretchens. Ist das nicht – inmitten des 20. Jahrhunderts – lächerlich? Läge es nicht näher, zu meinen, daß auch sie wußten, warum sie mit ihrem Lehrer der Liebe pflegten?

In der Tat erwecken einige dieser späten Liebesgedichte den Eindruck, als habe sich der Dichter in den Liebesbeziehungen, in die er sich nun verstrickte, mehr als Objekt denn als Subjekt gefühlt.

Ach, wie sollen wir die kleine Rose buchen?
Plötzlich dunkelrot und jung und nah?
Ach, wir kamen nicht, sie zu besuchen
Aber als wir kamen, war sie da.

Eh sie da war, ward sie nicht erwartet.
Als sie da war, ward sie kaum geglaubt.
Ach, zum Ziele kam, was nie gestartet.
Aber war es so nicht überhaupt?

Zu guter Letzt also doch wieder Rosen? Die Verwendung der alten Blumenmetapher für eine Geliebte läßt uns aufhorchen! Also nun doch Entpersonalisierung? Ist das überhaupt noch Brecht? Tatsächlich bekommt dieses Gedicht seinen Brechtschen Hauch allein durch eine verfremdende Note: die frappierende Verbindung von der dunkelroten Rose und dem buchhalterischen Vokabular. Akzeptabel wird dieses Gedicht für den Leser – genau wie die *Marie A.* – vor allem durch seine Aufrichtigkeit.

Daß Brechts frühere Gefährtinnen seiner eigenen Altersgruppe entstammten, war ein wichtiger Hinweis auf sein Bedürfnis nach geistiger Ebenbürtigkeit gewesen. Eigentlich wollte er nicht nur »Lehrer«, er wollte auch »Lernender« sein. Jetzt sieht er sich aber unwiderruflich in die Lehrerrolle gedrängt. Die nun eingegangenen Liebesbeziehungen zu jüngeren Mitarbeiterinnen reflektiert Brecht in der Dichtung mit einer Art hilflosen Erstaunens, ja mit Verlegenheit.

Als Brechtsches Liebesgedicht sind die oben zitierten Verse so untypisch, daß die Originalität der nicht so ohne weiteres zu Buche schlagenden Rose zu einer kuriosen Fehldeutung durch einen Kritiker geführt hat: Werner Kraft vermutete hier keine Liebeslyrik, sondern Politisches, und zwar den Versuch Brechts, aus seiner »marxistisch-kommunistischen Welt« auszubrechen und sich einer »empirischen Geschichtsauffassung« zuzuwenden.

Flüchtigkeit, wenn wohl auch keine Oberflächlichkeit (da die Nachwirkungen bis heute anhalten), konnte das Kennzeichen dieser von Brecht nun weniger intensiv reflektierten und wohl auch weniger tief erlebten Beziehungen sein. Eine mißverständliche Situation – einmal überraschte er seine Freundin in seinem eigenen Arbeitszimmer mit einem jungen Mann auf der Couch – war ihm schon Anlaß, »Nicht ohne alle Erleichterung ... das völlige Verschwinden meiner Verliebtheit« zu konstatieren. Lehrer blieb er aber trotzdem: »Sie aber ist immer noch bestürzt ... und versucht nur eines: wo immer es möglich erscheint, meinen Rat zu erfragen. Rat kann ich nicht verweigern oder für mich behalten.« In diesem oder einem ähnlichen Kontext mag das bereits zitierte Gedicht vom

Lächeln, das er weise wandern lassen muß, entstanden sein.

Das Rosenmotiv taucht noch einmal in einem rhythmisch ganz klassisch anmutenden Gedicht auf:

Sieben Rosen hat der Strauch
Sechs gehörn dem Wind
Aber eine bleibt, daß auch
Ich noch eine find.

Sieben Male ruf ich dich
Sechsmal bleibe fort
Doch beim siebten Mal, versprich
Komme auf ein Wort.

Die im Wind verwehenden Rosen sind wohl Symbol für die mögliche Flüchtigkeit der nun eingegangenen Beziehungen. Die zweite Strophe spielt in merkwürdig lakonischer Art auf einen »Abstand« an, der zwischen den Liebenden existiert. Aus unserer Kenntnis des früheren Brecht läßt sich schließen, daß hier sicher keine resignierende Melancholie vorliegt (etwa: »Sechsmal bleib von mir aus fort«), sondern eher die alte, wichtiger denn je werdende Forderung nach dem »Abstand«, den Brecht nun vor allem brauchte, um überhaupt noch Zeit zum Arbeiten zu finden. (»Bleibe bitte sechsmal fort«?) Georges Brunot legt sogar die Interpretation nahe, daß sich der Liebhaber darüber im klaren ist, daß die Geliebte nicht sein Eigentum ist und über ihre Freiheit selbstverständlich selbst verfügt. Wahrscheinlich fließen beide Motive ineinander über. Diesen Abstand – das heißt nun ganz konkret: persönliche Arbeitszeit – mußte Brecht jetzt im buchstäblichen Sinne erkämpfen, allerdings nicht allein den jungen Mitarbeiterinnen gegenüber. Folgendes ließ er per Anschlag bekanntgeben:

In Erwägung, daß ich nur ein paar Wochen im Jahr für mich arbeiten kann,
in Erwägung, daß ich, arbeitend, auf meine Gesundheit achten muß,
in Erwägung, daß bei dem Schreiben von Stücken und dem Lesen von Kriminalromanen jede menschliche Stimme im Haus oder vor dem Haus eine willkommene Ausrede für eine Unterbrechung bildet,
habe ich beschlossen, mir eine Sphäre der Isolierung zu schaffen, und ich benutze dazu das Stockwerk mit meinem Arbeitszimmer und den kleinen Platz vor dem Haus, begrenzt durch Gewächshaus und Laube.
Ich bitte, diese Regelung nicht als allzu bindend aufzufassen. Prinzipien halten sich am Leben durch ihre Verletzung.

Wenn die Liebeslyrik des späten Brecht auch nichts Neues zum Emanzipationsthema bringt, weist sie durch ihre Aufrichtigkeit doch auch Schönheit auf. Sie offenbart eher einen ungelenken Mann als einen lüsternen Dichtergreis. Der weniger in als neben seinem Privatleben stehende Brecht benutzte auch noch einmal jenen besonderen Kniff, ein Gedicht nicht aus seiner, sondern aus der Sicht der Geliebten zu schreiben, wodurch es eine ganz jugendlich-frische Note bekommt. Auf diese Weise entgeht er auch der für seine späten Gedichte so typischen »Distanzposition«.

Als ich nachher von dir ging
An dem großen Heute
Sah ich, als ich sehn anfing
Lauter lustige Leute

Und seit jener Abendstund
Weißt schon, die ich meine

Hab ich einen schönern Mund
Und geschicktere Beine.

Grüner ist, seit ich so fühl
Baum und Strauch und Wiese
Und das Wasser schöner kühl
Wenn ich's auf mich gieße.

Wenn Brechts späte Freundinnen jenes uneigennützige Engagement für die »dritte Sache« aufbrachten, das er auch früher für unabdingbar in den tieferen Beziehungen gehalten hatte, flammen wieder die ernsten und zugleich warmen Töne der früheren Liebeslyrik auf. An Isot Kilian, die im Sommer 1954, anstatt mit ihren Kindern in die Sommerferien zu fahren, im Theater geblieben war, um »in Ruhe einiges zu ordnen, Post zu erledigen, Notizen zu übertragen, ohne daß immer etwas dazwischenkam«, schickte Brecht aus Buckow einen Brief und ein Gedicht. »Liebe Kilian, ich habe Zeugen dafür, daß ich Sie antrieb, endlich Ihre Ferien zu beginnen, aber es macht mir natürlich doch Spaß, Sie immer noch im Theater herumgeistern zu wissen – wofür das beiliegende kleine Gedicht der Beleg ist. Ihr b.«

An eine Mitarbeiterin, die während der Sommerferien im Theater zurückgeblieben ist

Über den Hof seh ich dich gehen ins Haus
Der Dramaturgie und, die Stiegen hoch, ins Gelaß, wo
Unterm Plakat des Genossen Picasso in blauem
  Tabakrauch
Rollen verteilt und Texte gestrichen und neue Proben
Angesetzt werden, während das Telefon
Ewig doch klingelt. Ich folge dir
Auch in die Räume des Fotografen und sehe dich

Bilder holen für Frankreich und wieder
Gehe ich mit dir über den Hof und betrachte die Bühne
Wo die Maurer jetzt wohl die lästigen Ecken abhauen
Platz zu schaffen dem neuen Rundhorizont für
Coriolan und mit Staub bedeckend die Stelle, wo
Der Stuhl des Azdak steht.

Keine Metapher, kein Verweilen am Physischen! Die Frau, von der »der Schreiber durch das Schreiben gezeigt hat, daß er sie gern hat«, wird durch die Arbeit, die sie ausübt, individualisiert, durch das Besondere, das sie mit der Welt und der Gesellschaft verbindet. Wie anders könnten wir Frauen sonst individualisiert werden?

Ich kann mir nicht helfen, nach allem Für und Wider – durch die Frühnebel dieser neuartig tastenden Dichtung sehe ich doch immer wieder die Silhouette eines akzeptablen Mannes schimmern!

Literaturverzeichnis

Albert, Claudia: Vier Thesen zum Baal. In: Aktualisierung Brechts. Argument-Sonderband 50, Berlin-West 1980

(Anonymus): Noch mehr Brecht-Gedichte. In: Fuldaer Zeitung v. 7.12.1982

Banholzer, Paula: So viel wie eine Liebe, hrsg. v. Axel Polder und Willibald Eser, München 1981

Baumgart, Reinhard: Über Bertolt Brecht: Gedichte über die Liebe. Baal auf Balz. In: Der Spiegel v. 6.12.1982

Brunet, Georges: Bertolt Brecht, poète de l'amour. In: Etudes allemandes, Presses Universitaires de Lyon, 1979

Bunge, Hans: Brechts Lai-tu. Erinnerungen und Notate von Ruth Berlau, Darmstadt, Neuwied 1985

Bunge, Hans: Ein Interview mit Brechts Lai-tu (Sept. 1959). In: Dialog 75, Positionen und Tendenzen, Berlin 1975

Dessau, Paul: Aus Gesprächen, Leipzig 1974

Eisler, Hanns: Gespräche mit Hans Bunge. Fragen Sie mehr über Brecht, Leipzig 1975

Engels, Friedrich: Georg Weerth, der erste und bedeutendste Dichter des deutschen Proletariats. In: Marx, Engels, Lenin: Über Kultur, Ästhetik, Literatur, Leipzig 1975

Feuchtwanger, Lion: Bertolt Brecht. In: Sinn und Form, 2. Sonderheft, Berlin 1957

Fleißer, Marieluise: Ausgewählte Werke, Berlin, Weimar 1979

Frisch, Werner; Obermeier, K. W.: Brecht in Augsburg, Berlin, Weimar 1975

Giehse, Therese: Ich hab nichts zum Sagen. Gespräche mit Monika Sperr, Berlin 1977

Grieser, Dietmar: Erinnerungen an den Eugen B. In: Piroschka, Sorbas & Co., 1978

Haffad, Dorothea: Amour et société dans l'œuvre de Brecht, Algier 1985

Hauptmann, Elisabeth: Über Brecht. In: Julia ohne Romeo, Berlin, Weimar 1977

Hecht, Werner: Bertolt Brecht – sein Leben in Bildern und Texten, Berlin, Weimar 1978

Hecht, Werner: Bertolt Brecht: Leben und Werk im Bild, Leipzig, Weimar 1981

Henneberg, Fritz: Der erste Brecht-Komponist. In: Die Weltbühne v. 5.7.1983

Hermand, Jost: Der Über-Vater/Brecht in der ›Ästhetik des Widerstands‹ In: Brecht 83. Brecht und Marxismus. Dokumentation. Protokoll der Brecht-Tage 1983, S. 190-202

Högel, Max: Bertolt Brecht. Ein Portrait, Augsburg 1962

Hoffmann, Ludwig; Trepte, Curt: Mitarbeiter: M. Steffin. In: Exil in der Tschechoslowakei, Großbritannien, in Skandinavien und in Palästina, Leipzig 1980

Hohoff, Curt: Zieh traurig meiner Straßen. Die Huldigungen eines Zynikers. In: Rheinischer Merkur, Christ und Welt, No. 51 v. 17.12.1982

Jansen-Jurreit, Marie Louise: Sexismus. Über die Abtreibung der Frauenfrage, München 1976

Kaufmann, Hans: Brecht, die Entfremdung und die Liebe. Zur Gestaltung der Geschlechterbeziehungen im Werk Brechts. In: Weimarer Beiträge, No. I, 1965

Kilian, Isot: Kleine Geschichten. Zum 80. Geburtstag von Bertolt Brecht am 10. Februar 1978. In: Magazin, No. 2, Februar 1978

Klump, Brigitte: Das rote Kloster, Hamburg 1978

Knopf, Jan: Handbuch. Brecht: Lyrik, Prosa, Schriften, Stuttgart 1984

Knopf, Jan: Mehr als Taktklopfen auf den nackten Rücken. Brechts lang erwartete Gedichte über die Liebe. In: Badische Neueste Nachrichten v. 2.12.1982

Kraft, Werner: Politik und Lyrik. In: Neue Züricher Zeitung v. 15.6.1969

Lennox, Sara: Woman in Brecht's Works. In: German Critique, vol. 14, Spring, 1978

Leistner, Bernd: Bidis neue, 155 blätterigte Lust- und Liebesrose. In: Neue Deutsche Literatur. No. II, November 1984

Malraux, Clara: Et pourtant, j'étais libre, Paris 1975

Müller, André; Semmer, Gerd: Geschichten vom Herrn B., Leipzig 1975

Münsterer, Hans Otto: Bert Brecht. Erinnerungen aus den Jahren 1917 bis 1922, Berlin, Weimar 1966

NußbaumKlein, Laureen: The Evolution of the Feminine Principle in Brecht's Work: Beyond the Feminist Critique. In: German Studies Review VIII, No. 2, Mai 1985

Nußbaum Klein, Laureen: The image of woman in the work of Bertolt Brecht. Dissertation. University of Washington, Ph. D. 1977
Paul, Arno: Vom aufrechten Gang des Schwanzes zur klassenlosen Gesellschaft. In: Zitty. Berlin-West, No. 4 v. 17. 2. 1983
Pietzcker, Carl: Die Lyrik des jungen Brecht: Vom anarchistischen Nihilismus zum Marxismus, Frankfurt am Main 1974
Pietzcker, Carl: Vom Klassenkampf und vom Vögeln. Gedichte aus Brechts endlich geöffnetem Nachlaß. In: Zeitschrift für Literatur, Schreibheft 20, Januar 1983
Raddatz, Fritz J.: Entweiblichte Eschatologie. Bert Brechts revolutionärer Gegenmythos. In: Text und Kritik, Sonderband 1973
Sachs, Hella: Entdeckung an einer jungen Frau. In: Neue Deutsche Hefte, April 1963
Schlenstedt, Silvia: Aufschlüsse am intimen Arbeitsmaterial. Zu Brechts Gedichten aus dem Nachlaß. In: Notate 4, 1983
Schöne, Albrecht: Bertolt Brecht. Erinnerung an die Marie A. Die deutsche Lyrik von der Spätromantik bis zur Gegenwart, Düsseldorf 1957
Schöne, Lothar: Der vulgäre Bürgerschreck. Bertolt Brechts alte und neue Gedichte über die Liebe. In: Allgemeine Zeitung, Mainz, v. 3. 12. 1982
Schumacher, Ernst: Leben Brechts, Berlin 1978
Schuhmann, Klaus: Untersuchungen zur Lyrik Brechts. Berlin, Weimar 1977
Schuhmann, Klaus: Vorüberlegungen zu Brechts Sonetten (»Studien«). In: Brecht 85. Zur Ästhetik Brechts. (Brecht-Tage 1985), Berlin 1986
Sölle, Dorothee: Dialektik der Liebe. Zwei literarische Texte, theologisch interpretiert. In: Atheistisch an Gott glauben. München 1983
Sternberg, Fritz: Der Dichter und die Ratio: Erinnerungen an Bertolt Brecht, Göttingen 1965
Völker, Klaus: Bertolt Brecht: Eine Biographie, München, Wien 1976
Weber, Albrecht: Zu Liebesgedichten Bert Brechts. In: Interpretationen zur Lyrik Brechts, München 1971
Weigel, Helene: Das Stichwort heißt: praktisch. In: ... gelebt für alle Zeiten, Berlin 1978
Weiss, Peter: Die Ästhetik des Widerstands, Berlin 1983
Wolf, Christa: Voraussetzungen einer Erzählung: Vier Vorlesungen. In: Kassandra, Berlin, Weimar 1983
Zoff-Brecht-Lingen, Marianne erzählt Willibald Eser über ihre Zeit mit Bert Brecht. In: Paula Banholzer: So viel wie eine Liebe, a. a. O.

Der exakte Zitatennachweis liegt bei der Autorin vor.

Für die Unterstützung dieser Arbeit danke ich
Ingeborg Arlt, Barbara Brecht-Schall, Hans Bunge,
Werner Mittenzwei, Heinz Niemann,
Renate Saavedra, den Mitarbeitern des
Brecht-Archivs u. a.

Für den Abdruck der Gedichte und Texte Bertolt Brechts
erhielten wir die freundliche Genehmigung des
Aufbau-Verlages, Berlin und Weimar.
Außerdem danken wir dem Suhrkamp-Verlag, Frankfurt
am Main für die Abdruckgenehmigung der Gedichte:

Das zweite Sonett
Und das Lächeln, das mir galt
Gardinenpredigt

aus: Bertolt Brecht. Gesammelte Werke. Supplementband 2
Gedichte aus dem Nachlaß 1913–1956. Frankfurt am
Main, 1982.

Inhalt

Bildnachweis:
Bertolt-Brecht-Erben; Seite 24, 30, 43, 69, 95, 100, 107, 113, 123, 166, 183
Hainer Hill, Berlin; Seite 103
Johannes Hoffmann, Berlin; Seite 133
Thomas Franze, Berlin; Hintere Klappe

ISBN 3-371-00091-5

3. Auflage 1990

Lizenznummer: 48-48/46/90
LSV 8010
Redaktionsschluß: 31.7.86
Lektor: Renate Saavedra
Gesamtgestaltung: Claudia Schauß
Printed in the German Democratic Republic
Gesamtherstellung: Druckhaus Aufwärts, Leipzig
III/18/20·2840
Bestellnummer: 695 654 2
00950